포스코그룹
생산기술직 채용
필기전형(인적성검사+포스코상식)

포스코그룹 생산기술직 채용

필기전형(인적성검사+포스코상식)

개정 2판 발행	2023년 2월 13일	
개정 3판 발행	2024년 3월 26일	

편 저 자 | 취업적성연구소

발 행 처 | ㈜서원각

등록번호 | 1999-1A-107호

주   소 | 경기도 고양시 일산서구 덕산로 88-45(가좌동)

교재주문 | 031-923-2051

팩   스 | 031-923-3815

교재문의 | 카카오톡 플러스 친구[서원각]

홈페이지 | goseowon.com

우리나라 기업들은 1960년대 이후 현재까지 비약적인 발전을 이루었다. 이렇게 급속한 성장을 이룰 수 있었던 배경에는 우리나라 국민들의 근면성 및 도전정신이 있었다. 그러나 빠르게 변화하는 세계 경제의 환경에 적응하기 위해서는 근면성과 도전정신 이외에 또 다른 성장 요인이 필요하다.

한국기업들이 지속가능한 성장을 하기 위해서는 혁신적인 제품 및 서비스 개발, 선도 기술을 위한 R&D, 새로운 비즈니스 모델 개발, 효율적인 기업의 합병·인수, 신사업 진출 및 새로운 시장 개발 등 다양한 대안을 구축해 볼 수 있다. 하지만, 이러한 대안들 역시 훌륭한 인적자원을 바탕으로 할 때에 가능하다. 최근으로 올수록 기업체들은 자신의 기업에 적합한 인재를 선발하기 위해 기존의 학벌 위주의 채용을 탈피하고 기업 고유의 인·적성검사 제도를 도입하고 있는 추세이다.

포스코에서도 업무에 필요한 역량 및 책임감과 적응력 등을 구비한 인재를 선발하기 위하여 고유의 필기시험 및 인성검사인 PAT를 치르고 있다. 본서는 포스코 생산기술직·특수직무 신입사원 채용대비를 위한 필독서로 포스코 필기시험의 출제경향을 철저히 분석하여 응시자들이 보다 쉽게 시험유형을 파악하고 효율적으로 대비할 수 있도록 구성하였다.

신념을 가지고 도전하는 사람은 반드시 그 꿈을 이룰 수 있습니다. 처음에 품은 신념과 열정이 취업 성공의 그 날까지 빛바래지 않도록 서원각이 수험생 여러분을 응원합니다.

STRUCTURE

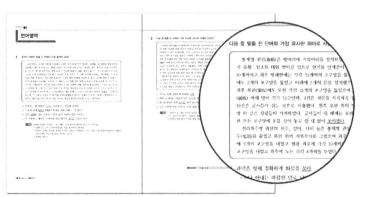

적성검사

실력을 향상시킬 수 있도록 출제경향을 분석한 적성검사를 다양한 유형의 문제와 꼼꼼한 해설과 함께 수록하였습니다.

포스코상식

포스코 상식문제와 함께 핵심을 꿰뚫는 명쾌하고 자세한 해설로 수험생들의 이해를 돕습니다.

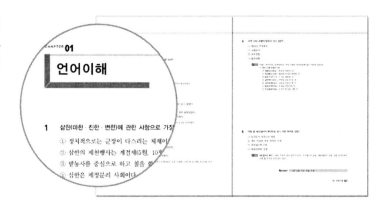

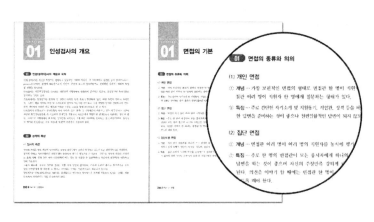

인성검사 및 면접

성공취업을 위한 인성검사와 포스코 면접기출을 수록하여 취업의 마무리까지 깔끔하게 책임집니다.

CONTENTS

PART

I

포스코그룹
소개

기업소개

(1) 비전

경영이념	더불어 함께 발전하는 기업시민		
경영비전	With POSCO		
활동영역	Business	Society	People
	Biz 파트너 (협력사 · 고객사 · 공급사)	사회공동체 · 개인 (지역사회 · 주변이웃)	포스코그룹 임직원
	• 공정 · 투명 · 윤리 실천 • 동반성장 • 최고의 제품 · 서비스	• 사회문제 공감 · 해결 기여 • 지역사회발전 · 환경경영 • 나눔활동 참여	• 안전하고 쾌적한 근무환경 조성 • 공정 인사 · 안정적 노사관계 • 다양성 포용 · 일과 삶의 균형
행동강령	실질	실행	실리
	형식보다 실질 우선	보고보다 실행 중시	명분보다 실리 추구
핵심가치	• 안전 　　　　• 상생	• 윤리 　　　　• 창의	
포스코 기업시민헌장	'더불어 함께 발전하는 기업시민' 경영이념 실현을 위한 지향점과 실천 원칙		

① 경영이념 … 포스코는 '더불어 함께 발전하는 기업시민'을 추구합니다. 포스코 스스로가 사회 구성원의 일원이 되어 임직원, 주주, 고객, 공급사, 협력사, 지역사회 등 여러 이해관계자와 더불어 함께 발전하고, 배려와 공존, 공생의 가치를 함께 추구해 나가고자 합니다.

② 경영비전 … 'With POSCO' 더불어 함께 발전하는 기업시민 의미를 담고 있는 'With'의 의미를 시각적으로 전달하기 위해 'W'는 두 사람이 손을 맞잡고 있는 모습을 이미지화해 공감적 어울림이 꾸준히 지속됨을 표현하였습니다. 따뜻한 오렌지색은 함께 발전하는 긍정 에너지를 담았습니다.

③ 행동강령 … 실질을 우선하고 실행을 중시하며 실리를 추구해 나가는 가치를 실천해 나갑니다. 형식보다는 실질을 우선하고, 보고보다는 실행을 중시하고, 명분보다는 실리를 추구함으로써 가치경영, 상생경영, 혁신경영을 실현해 나갑니다.

④ 핵심가치 ··· 포스코의 핵심가치는 '안전', '상생', '윤리', '창의'입니다. '안전'은 인간존중을 우선으로 직 책보임자부터 솔선수범하여 실천우선의 안전행동을 체질화하는 것입니다. '상생'은 배려와 나눔을 실 천하고 공생발전을 추구하며, 사회적 가치창출을 통하여 함께 지속성장하는 것입니다. '윤리'는 사회 구성원 간 상호신뢰를 기반으로 정도를 추구하고 신상필벌의 원칙을 지키는 것입니다. '창의'는 열린 사고로 개방적인 협력을 통하여 문제를 주도적으로 해결하는 것입니다.

(2) 브랜드 Identity

① 포스코가 추구하는 브랜드 아이덴티티 ··· Unlimit the Limit

    ㉠ 포스코는 첨단 기술력과 전문성으로 다양한 산업에서 한계를 뛰어넘어 더 큰 가능성을 제시합니다.

    ㉡ 세상에 대한 의미 있는 고민으로 미래 삶의 소재를 실체화 합니다.

    ㉢ 50년의 역사를 넘어 앞으로도 성장과 변화를 통해 새로운 미래를 이끌어 나갈 것입니다.

    ㉣ 이를 위해 포스코는 오늘의 생각과 틀, 방식을 깨뜨리고 한계에 도전합니다.

② 'Unlimit the Limit'의 의미

    ㉠ 첨단 기술력과 혁신으로 의미있는 새로운 가능성을 찾는 포스코의 방식

    ㉡ 고객사의 니즈뿐만 아니라 최종 사용자에게 필요한 솔루션을 개척하는 포스코의 전문성

    ㉢ 함께하는 고객과 국민, 임직원들에게 긍정적 변화를 제공하기 위한 포스코의 사명

    ㉣ 생활의 밀접한 부분에서부터 삶의 가치를 높이기 위한 포스코의 노력

(3) 인재상

"실천 의식과 배려의 마인드를 갖춘 창의적 인재"

① 실천(Action) ··· 주인의식과 책임감을 가지고 매사에 결단력을 발휘하며 남보다 앞서 솔선하는 인재

② 배려(Consideration) ··· 겸손과 존중의 마인드로 상생을 실천하고 희생과 봉사의 자세를 추구하는 인재

③ 창의(Creativity) ··· 본연의 업무에 몰입하여 문제에 주도적으로 새로운 아이디어를 적용하는 인재

(4) 포스코 국내그룹사

① 철강부문

POSCO	세계에서 가장 경쟁력 있는 철강회사로 자리잡은 포스코
SNNC	페로니켈 생산기술의 Global No.1
포스코스틸리온	World Best 표면처리 전문기업
포스코알텍	포스코그룹의 지식자산 전문기업
포항특수용접봉	포항특수용접봉은 극저온, 에너지 해양, 초고강도 등 새로운 산업환경에 적합한 특수용접재료를 개발, 생산하는 전문 기업

② 글로벌인프라부문

포스코인터내셔널	포스코인터내셔널은 전세계 80여개의 글로벌 네트워크 및 해외 마케팅 전문역량을 보유한 국내 1위 종합상사
포스코건설	스마트 컨스트럭션으로 더 나은 미래를 건설하는 종합건설회사
포스코에너지	포스코그룹의 에너지 전문기업
포스코ICT	IT & 엔지니어링 전문 기업
포스코엠텍	글로벌 소재 전문기업
포스코터미날	고객의 행복을 나르는 기업, 동북아 최고의 종합물류회사
포스코기술투자	포스코(POSCO)와 포항공대(POSTECH)로 구성된 안정적인 주주기반의 신기술금융사
포스코O&M	최고의 기술력을 갖춘 종합자산관리 기업
포스코플랜텍	철강설비를 비롯한 MHS(원료처리설비), 물류설비, 발전 및 환경설비, 제작사업을 수행
포스코A&C	포스코의 100% 출자사로서 포항제철소 건설사업에 필요한 전문기술을 지원하기 위해 1970년에 설립된 종합건축서비스 회사
부산이앤이	국내 최초·최대(900톤/일, 24.8MW/h) 규모의 생활폐기물 연료화 열병합 발전시설
PNR	세계 제일의 제철 부산물 자원화 전문기업
포스파워	지역사회와 함께 상생하는 환경 친화적 발전소
엔투비	기업간 전자상거래(B2B)서비스를 제공하는 대한민국 대표MRO전문 Marketplace

③ 신성장부문

포스코케미칼	포스코케미칼은 글로벌 석탄화학 및 탄소소재 전문기업
피엠씨텍	2012년 11월 대한민국 최초 프리미엄 침상코크스 제조기업

④ 지원

포스코경영연구원	미래를 선도하는 경영모델과 산업분야에 대한 연구 결과를 지속적으로 산출하고 세계 최고 수준의 연구와 컨설팅 역량을 갖춘 경영 및 철강산업 전문 연구기관
포스코인재창조원	창의와 혁신의 글로벌 NO.1 HRD 센터
포항공과대학교	가치창출대학 POSTECH
포스코교육재단	1971년 포스코 직원들의 자녀 교육과 국가발전에 이바지할 인재를 길러내기 위해 설립된 교육기관
포스코청암재단	1971년 설립한 제철장학회가 모태이며 2005년 글로벌 포스코의 위상에 걸맞는 사회공헌 사업을 창안하고 발굴하기 위해 확대·개편
포스웰	포스코 임직원의 의.식.주를 전담하는 복리후생 전문회사
포스코휴먼스	포스코가 장애인, 고령자, 다문화가정 등 다양한 취약계층에게 안정된 일자리를 제공하기위해 포스위드(자회사형표준사업장)와 포스에코하우징(사회적기업)을 합병해 만든 회사
포스코미소금융재단	저신용 저소득 금융 취약 계층의 경제적 자활을 지원 함으로써 서민생활의 안정 및 복지 향상 등을 도모하고 경제 사회의 균형 있는 발전에 이바지 하고자 포스코가 휴먼예금관리재단에 기부금 출연을 통하여 2009.12.18에 설립
포스코새마을금고	새마을금고법에 따라 창립, 운영 중인 비영리 금융기관

CHAPTER 02 채용안내

포스코는 기업문화와 인재상에 부합하는 'Right People'을 선발하고 지원자의 직무역량을 정확히 파악하기 위해 2003년부터 '구조적 선발기법'으로 인재를 선발하고 있다. 구조적 선발기법이란 체계적인 면접방법과 평가기준을 정해진 절차에 따라 사용함으로써, 평가자간 차이를 최소화하고 목적에 적합한 인재를 선발하는 도구이다. 채용 절차는 일반적으로 서류전형-인적성검사-1차 면접-2차 면접 평가순으로 진행되며, 채용대상에 따라 차이가 있을 수 있다.

(1) 서류전형

서류전형에서는 입사지원서 및 자기소개서에 기재된 내용을 바탕으로 지원자격 충족여부를 확인하고 지원자의 기본역량, 직무 전문성, 향후 성장성 등을 종합적으로 평가한다.

(2) 인적성검사(POSCO Aptitude Test)

인적성검사(PAT)는 객관적이고 공정한 채용전형 진행을 위한 절차로써, 언어/수리/추리 등 직무기초 역량을 평가하는 적성검사와 성격/행동특성을 통해 포스코그룹 인재상 부합여부를 판단하는 인성검사로 구분된다.

(3) 1차 면접(직무역량평가)

1차 면접은 '인성/직무/분석발표 면접' 등 다양한 형태로 운영되며, 지원자의 직무역량을 집중적으로 평가하는 단계이다. 특히 구조적 선발기법을 활용, 정해진 평가기준과 절차에 따라 다양한 면접을 체계적으로 운영함으로써 평가자간 차이를 최소화하고 목적에 적합한 인재를 선발하는데 초점을 두고 있다.

(4) 2차 면접(가치적합성평가)

2차 면접은 포스코그룹이 추구하는 인재상에 얼마나 부합한지를 확인하는 가치적합성 평가 단계이다. 이 단계에서는 지원자가 입사지원서에 작성한 내용을 바탕으로 성장과정, 직무전문성, 가치관, 직업관 등 다양한 주제의 질의응답이 이루어지며 도전정신, 창의력, 조직적응성, 윤리성 등을 종합적으로 평가하게 된다.

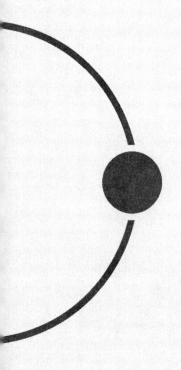

PART

II

적성검사

언어이해

1 문맥적 의미가 밑줄 친 부분과 가장 유사한 것은?

> 고고학에서 유추를 어떻게 이용하며 그것이 과연 과거 인간 행위를 이해하는 데 적합한 방법인지를 둘러싸고 계속 논란이 있어 왔다. 앨리슨 와일리와 이언 호더는 유추를 '형식 유추'와 '관계 유추'라는 두 가지로 나누어 설명한다. 형식 유추는 간단히 말해 두 상황 사이의 몇 가지 요소가 유사하면 다른 요소들 또한 유사하다고 추론하는 것이다. 관계 유추는 두 상황 사이에 존재하는 역사적이거나 문화적인, 혹은 자연적인 계속성에 기초하여 직접적 연관 관계가 관찰될 수 있는 경우에 한해 두 상황 사이의 유사성을 추론하는 것이다. 두 학자는 고고학에 있어 형식 유추보다 관계 유추가 더 강력한 것이라고 주장하였다. 예컨대 알래스카에서 초승달 모양의 석제 유물이 출토되었다. 그리고 오늘날 북극 지방에 사는 이누이트 족이 그와 거의 똑같은 형태이되 쇠로 된 물건을 고기를 자르는 데 쓰고 있다는 민족지 보고서가 있다. 고고학자들은 이를 통해 그 유물이 칼이라고 확신을 <u>가지고</u> 주장할 수 있는데, 그 이유는 단순히 두 대상의 모양이 유사하기 때문이 아니라 그 칼이 사용되는 문화적이고 자연적인 계속성을 바탕으로 두 대상 사이의 직접적 관계를 추론할 수 있기 때문이다.

① 아버지는 빈 깡통을 <u>가지고</u> 연필꽂이를 만들어 주었다.
② 그렇게 놀아 <u>가지고</u> 어떻게 목표한 바를 이룰 수 있겠니?
③ 꿈을 <u>가지고</u> 있는 사람과 그렇지 않은 사람의 삶은 다르다
④ 이 고장에는 해마다 10월이면 민속 행사를 <u>가지는</u> 전통이 있다.

> ✔ **해설** 제시된 문장의 '가지다'는 '생각, 태도, 사상 따위를 마음에 품다.'라는 뜻이다.
> ① 앞에 오는 말이 수단이나 방법이 됨을 강조하여 나타낸다.
> ② 앞말이 뜻하는 행동의 결과나 상태가 그대로 유지되거나, 또는 그럼으로써 뒷말의 행동이나 상태가 유발되거나 가능하게 됨을 나타내는 말이다.
> ④ 모임을 치르다.

2 다음 중 밑줄 친 단어와 가장 유사한 의미로 사용된 문장은?

> 통제영 귀선(龜船)은 뱃머리에 거북머리를 설치하였는데, 길이는 4자 3치, 너비는 3자이고 그 속에서 유황·염초를 태워 벌어진 입으로 연기를 안개같이 토하여 적을 혼미케하였다. 좌우의 노는 각각 10개씩이고 좌우 방패판에는 각각 22개씩의 포구멍을 뚫었으며 12개의 문을 설치하였다. 거북머리 위에도 2개의 포구멍을 뚫었고 아래에 2개의 문을 설치했으며 그 옆에는 각각 포구멍을 1개씩 내었다. 좌우 복판(覆板)에도 또한 각각 12개의 포구멍을 뚫었으며 귀(龜)자가 쓰여진 기를 꽂았다. 좌우 포판(鋪板) 아래 방이 각각 12간인데, 2간은 철물을 차곡차곡 쌓았고 3간은 화포·궁시·창검을 갈라두며 19간은 군사들이 쉬는 곳으로 사용했다. 왼쪽 포판 위의 방 한 간은 선장이 쓰고 오른쪽 포판 위의 방 한 간은 장령들이 거처하였다. 군사들이 쉴 때에는 포판 아래에 있고 싸울 때에는 포판 위로 올라와 모든 포구멍에 포를 걸어 놓고 쉴 새 없이 <u>쏘아댔다</u>.
>
> 전라좌수영 귀선의 치수, 길이, 너비 등은 통제영 귀선과 거의 같다. 다만 거북머리 아래에 또 귀두(鬼頭)를 붙였고 복판 위에 거북무늬를 그렸으며 좌우에 각각 2개씩의 문을 두었다. 거북머리 아래에 2개의 포구멍을 내었고 현판 좌우에 각각 10개씩의 포구멍을 내었다. 복판 좌우에 각각 6개씩의 포구멍을 내었고 좌우에 노는 각각 8개씩을 두었다.

① 과녁을 향해 정확하게 화살을 <u>쏘다</u>.
② 화가 난 아내는 따끔한 말로 남편을 톡 <u>쏘아</u> 주었다.
③ 쐐기벌레처럼 톡톡 <u>쏘기만</u> 하던 과거의 부월이가 아니었다.
④ 눈은 무엇에 놀란 듯이 한 곳을 <u>쏘아</u> 보고 있었다.

> **✔해설** ① 활이나 총, 대포 따위를 일정한 목표를 향하여 발사하다.
> ②④ 말이나 시선으로 상대편을 매섭게 공격하다.
> ③ 벌레가 침과 같은 것으로 살을 찌르다.

3 다음 중 밑줄 친 단어와 같은 의미로 사용된 문장은?

> 무기물의 세계는 인과법칙의 지배를 받기 때문에, 과거와 현재가 미래를 결정한다. 그러나 생명체의 생장과 발달과정에서는 현재의 상태가 미래의 목적에 맞게끔 조정되고, 그런 식으로 현재가 미래에 의해 결정되는 것처럼 보인다. 이처럼 미래가 현재를 결정한다는 견해가 '목적론'이다. 그러나 '결정된다'는 말을 인과법칙과 일관된 방식으로 사용한다면, 우리는 미래가 현재를 결정한다고 말할 수 없다. 어떤 목적이든 그 실현 과정은 인과법칙에 따라 이루어져야 하며, 이런 관점에서 볼 때 생명체에서도 현재의 모습은 미래에 의해서가 아니라 이미 존재하는 어떤 청사진의 구현 과정에서 결정될 뿐이다.
>
> 실제로 우리는 인과법칙과 상충하는 요소를 끌어들이지 않고도 생명에 관한 목적론적 설명을 대체할 수 있다. 우연이 낳는 변화와 자연에 의한 선택이라는 개념으로 진화를 설명한 다윈의 업적이 바로 그것이다. 현존하는 종들을 하나의 체계적인 질서 속에 위치시켜 보면, 인간이 이 질서의 맨 위쪽에 있고, 그 밑에 영장류, 이어 포유동물이 있다. 이런 계열은 조류, 파충류, 어류를 지나 여러 형태의 해양생물로 이어지고 마침내 아메바 같은 단세포생물에 <u>이른다</u>. 다윈에 따르면 현존하는 종들 간의 이런 체계적 질서는 종 발생의 역사적 질서를 반영한다. 그리고 목적론적 과정에 의해서가 아니라 인과법칙을 따르는 진화의 과정을 통해 단세포생물로부터 오랜 세월을 거쳐 고등생물이 나타났다. 다양한 시대의 지층에 대한 지질학적 탐구의 성과 역시 이런 추리를 적극적으로 지지한다.

① 그가 주모에게 술을 더 가져오라고 <u>이른다</u>.
② 선생님은 아이들에게 싸우지 말라고 <u>일러</u> 주었다.
③ 그가 선생님에게 내가 유리창을 깼다고 <u>일렀다</u>.
④ 김선생의 학문은 아주 높은 수준에 <u>이르게</u> 되었다.

> ✔**해설** ④ 어떤 정도나 범위에 미치다
> ① 무엇이라고 말하다
> ② 타이르다(잘 깨닫도록 일의 이치를 밝혀 말해 주다)
> ③ 어떤 사람의 잘못을 윗사람에게 말하여 알게 하다

4 밑줄 친 단어를 바꾸어 쓰기에 가장 적절하지 않은 것은?

> 공리주의자는 동일한 강도의 행복을 동등하게 고려한다. 즉 공리주의자들은 '나'의 행복이 '너'의 행복보다 더 도덕적 가치가 있다고 생각하지 않는다. 이런 점에서 볼 때 공리주의에서 행복이 누구의 것인가는 중요하지 않다. 하지만 누구의 행복인가 하는 질문이 행복 주체의 범위로 이해될 때에는 다르다. 이미 실제로 존재하고 있는 생명체의 행복만을 고려할 것인가, 아니면 앞으로 존재할 생명체의 행복까지 고려할 것인가? 이와 관련해서 철학자 싱어는 행복의 양을 증가시키는 방법에 대한 공리주의의 두 가지 <u>견해</u>를 구별한다. 하나는 '실제적 견해'로서, 이에 따르면 도덕적으로 중요한 것은 이미 실제로 존재하는 사람이 갖는 행복이지 아직 태어나지 않은 사람들의 행복이 아니다. 이와 구별되는 다른 견해는 '전체적 견해'이다. 이 견해에 따르면 이미 존재하고 있는 사람들의 행복의 양을 늘리는 것뿐 아니라 새로운 존재를 만들어 행복의 양을 늘리는 것도 도덕적으로 옳은 행동이다. 왜냐하면 실제로 존재하는 사람들의 불행과 아직 태어나지 않은 사람들의 행복은 상쇄될 수 있기 때문이다.

① 암시   ② 관념

③ 소견   ④ 의견

✔해설 '견해'의 유의어는 관념, 소견, 의견 등이 있다.
① 넌지시 알림 또는 그 내용
② 어떤 일에 대한 견해나 생각
③ 어떤 일이나 사물을 살펴보고 가지게 되는 생각이나 의견
④ 어떤 대상에 대하여 가지는 생각

5 다음 글을 읽고 보기의 문장이 들어갈 위치로 적절한 것은?

갑은 고려 전기까지를 고대 노예제 사회로, 무신 정권기에서 고려 말까지를 과도기로, 조선 시대부터는 중세 봉건제 사회로 본다. 갑은 고려 전기 국가 수취의 준거를 토지가 아닌 노동력에 둔다. (가) 고대의 수취는 신라 장적문서에서 보이듯, 호의 등급이 토지가 아니라 정남(丁男)의 노동력으로 구분되었고 이러한 특징은 고려 전기까지도 바뀌지 않았다고 한다. (나) 물론 신라, 고려 때에도 토지에 대하여 부과하는 조세가 없지는 않았지만 수취의 중점은 노동력 수탈과 인신 예속에 있었다는 것이다. 갑은 이러한 고대적 요소는 무신란 이후 점차 해체·극복되었으며, 조선조에 들어와 중세 봉건제 사회가 이루어졌다고 한다.

한편 을은 고려의 성립을 중세 봉건제 사회의 출발로 본다. 을은 시대 구분의 기준을 경제적 측면은 물론 정치, 사회, 문화의 모든 면을 아울러 살펴보아야 한다고 주장한다. 그에 따르면 고대적 혈연관계에 기반한 골품제가 사회생활 전반을 제약하던 신라 사회는 하대(下代)에 들어와 점차 무너지기 시작하였다고 한다. (다) 고려 건국에 성공한 태조 왕건이 노비를 풀어준다든가 백성들의 수취에 기준을 세워야 한다는 것을 주장하며 인신 예속의 약화를 표방한 것은 역사적 의미를 갖는 것이었다. (라) 이러한 사회 원리의 형성이 곧 중세 봉건제 사회의 성립이라고 보았다.

〈보기〉
이러한 상황에서 호족 세력이 등장하여 나말·후삼국의 혼란기가 나타났지만 그것은 곧 고대 사회를 극복하는 과정이라고 할 수 있다.

① (가)　　　　　　　　　　　② (나)

③ (다)　　　　　　　　　　　④ (라)

✔해설　〈보기〉는 호족이 등장하기 이전 상황이 나타난 뒤에 들어가야 적절하다.
따라서 (다)의 앞 내용이 호족이 본격적으로 등장하기 이전인 신라 하대의 내용이므로 〈보기〉의 내용은 (다)에 들어가야 적절하다.

6 다음 글에서 아래의 주어진 문장이 들어가기에 가장 알맞은 곳은?

> (개) 세계화와 정보화로 대표되는 현대사회에서 사람들은 다양한 기호, 이미지, 상징들이 결합된 상품들의 홍수 속에서, 그리고 진실과 경계를 구분할 수 없는 정보와 이미지의 바다 속에서 살아가고 있다.
> (내) 이러한 사회적 조건들은 개인들의 정체성 형성에 커다란 변화를 가져다주었다.
> (대) 절약, 검소, 협동, 양보, 배려, 공생 등과 같은 전통적인 가치와 규범은 이제 쾌락, 소비, 개인적 만족과 같은 새로운 가치와 규범들로 대체되고 있다.
> (래) 그래서 개인적 경험의 장이 넓어지는 만큼 역설적으로 사람들 간의 공유된 경험과 의사소통의 가능성은 점차 줄어들고 있다. 파편화된 경험 속에서 사람들이 세계에 대한 '인식적 지도'를 그리기란 더 이상 불가능해진 것이다.

> 개인들의 다양한 삶과 경험은 사고와 행위의 기준들을 다양화했으며, 이로 인해 전통적인 정체성은 해체되었다.

① (개)
② (내)
③ (대)
④ (래)

✔해설 주어진 문장은 (대)에 들어가서 (대) 앞의 '개인들의 정체성 형성'과 (대) 뒤의 '전통적인 가치와 규범'이 대체되고 있다는 사실의 인과관계를 연결하는 것이 적절하다.

7 다음 중 밑줄 친 전략에 해당하지 않는 것은?

> 키르케의 섬에 표류한 오디세우스의 부하들은 키르케의 마법에 걸려 변신의 형벌을 받았다. 변신의 형벌이란 몸은 돼지로 바뀌었지만 정신은 인간의 것으로 남아 자신이 돼지가 아니라 인간이라는 기억을 유지해야 하는 형벌이다. 그 기억은, 돼지의 몸과 인간의 정신이라는 기묘한 결합의 내부에 견딜 수 없는 비동일성과 분열이 담겨 있기 때문에 고통스럽다. "나는 돼지이지만 돼지가 아니다, 나는 인간이지만 인간이 아니다."라고 말해야만 하는 것이 비동일성의 고통이다.
>
> 바로 이 대목이 현대 사회의 인간을 '물화(物化)'라는 개념으로 파악하고자 했던 루카치를 전율케 했다. 물화된 현대 사회에서 인간 존재의 모습은 두 가지로 갈린다. 먼저 인간은 상품이 되었으면서도 인간이라는 것을 기억하는, 따라서 현실에서 소외당한 자신을 회복하려는 가혹한 노력을 경주해야 하는 존재이다. 자신이 인간이라는 점을 기억하고 있지 않다면 그에게 구원은 구원이 아닐 것이므로, 인간이라는 본질을 계속 기억하는 일은 그에게 구원의 첫째 조건이 된다. 키르케의 마법으로 변신의 계절을 살고 있지만, 자신이 기억을 계속 유지하면 그 계절은 영원하지 않을 것이라는 희망을 가질 수 있다. 그는 소외 없는 저편의 세계, 구원과 해방의 순간을 기다린다.
>
> 반면 밑줄 친 망각의 전략을 선택하는 자는 자신이 인간이었다는 기억 자체를 포기하는 인간이다. 그는 구원을 위해 기억에 매달리지 않는다. 그는 그에게 발생한 변화를 받아들이고 그것을 새로운 현실로 인정하며 그 현실에 맞는 새로운 언어를 얻기 위해 망각의 정치학을 개발한다. 망각의 정치학에서는 인간이 고유의 본질을 갖고 있다고 믿는 것 자체가 현실적인 변화를 포기하는 것이 된다. 일단 키르케의 돼지가 된 자는 인간 본질을 붙들고 있는 한 새로운 변화를 꾀할 수 없다.
>
> 키르케의 돼지는 자신이 인간이었다는 기억을 망각하고 포기할 때 새로운 존재로 탄생할 수 있겠지만, 바로 그 때문에 그는 소외된 현실이 가져다주는 비참함으로부터 눈을 돌리게 된다. 대중소비를 신성화하는 대신 왜곡된 현실에는 관심을 두지 않는다고 비판받았던 1960년대 팝아트 예술은 망각의 전략을 구사하는 키르케의 돼지들이다.

① 왜곡되거나 물화된 현실에 순응한다.

② 구원을 위해 기억에 매달리지 않는다.

③ 인간의 최소한의 본질에 대한 믿음을 가진다.

④ 변화된 상황에 적응하기 위해 새로운 언어를 찾는다.

✔ 해설 ④ 망각의 정치학에서는 인간 본질을 붙들고 있는 한 새로운 변화를 꾀할 수 없다고 본다.

※ 3문단에 나타난 망각의 전략을 선택하는 자의 특징
  ㉠ 자신이 인간이었다는 기억 자체를 포기하여 구원을 위해 기억에 매달리지 않는다.
  ㉡ 변화를 받아들이고 그것을 새로운 현실로 인정하며 그 현실에 맞는 새로운 언어를 얻기 위해 망각의 정치학을 개발한다.
  ㉢ 인간이 고유의 본질을 갖고 있다고 믿는 것 자체가 현실적인 변화를 포기하는 것이 되기 때문에, 인간 본질을 붙들고 있는 한 새로운 변화를 꾀할 수 없다.

8 다음 글을 참고로 할 때, 출력을 결정하는 방법이 다른 하나는?

> 디지털 회로는 출력을 결정하는 방법에 따라 조합 논리 회로와 순차 논리 회로로 나눌 수 있다. 조합 논리 회로는 현재의 입력 값들만 이용하여 출력 값을 결정한다. 즉 회로를 구성하는 논리 게이트들이 입력 신호들을 받는 즉시 그것들을 조합하여 출력 신호를 발생시킨다. 반면 순차 논리 회로는 과거의 출력 값이 현재의 출력에 영향을 미친다. 출력 값이 그 시점의 입력 값뿐만 아니라 이전 상태의 출력 값에 의해서도 결정되는 것이다. 가령 디지털 장치에서 수를 셀 때, 이전 상태의 출력 값과 현재의 값을 논리 연산하여 출력하므로 다음 상태로 변화할 때까지 현 상태를 기억하는 기능이 필요하다. 이러한 특성 때문에 순차 논리 회로는 조합 논리 회로와 달리 기억 기능을 가지고 있다. 이전 상태의 출력 값은 다음 단계의 순차 논리 회로 동작을 위해 피드백 경로를 통해 다시 순차 논리 회로의 입력으로 들어가게 된다.

① 자동차의 문이 열리면 경고음이 울리는 경우
② 현관에 사람이 들어왔을 때 전등이 켜지는 경우
③ 사람이 다가가야만 움직이기 시작하는 에스컬레이터의 경우
④ 은행에서 지폐를 세는 기계가 만 원권의 개수를 세어 총액을 나타내는 경우

> ✔ 해설 ④ 순차 논리 회로와 출력을 결정하는 방법이 같다.
> ①②③ 조합 논리 회로와 출력을 결정하는 방법이 같다.

9 다음 글의 주된 내용 전개 방법과 가장 유사한 것은?

> 앞으로는 모든 세계와 연결된 인터넷을 통해 각 나라의 박물관과 도서관을 구경하고, 인터넷 세계 엑스포에서 구축(構築)한 센트럴파크를 산책(散策)하며, 칸느 영화제나 재즈 콘서트, 각국의 민속 공연을 관람할 수 있을 것이다. 올해는 '정보 엑스포'가 개최되며, 전 세계에 흩어져 있는 전시관을 언제든지 관람할 수 있도록 24시간 개방된 전시회가 열리고 있다. 따라서, 서울 센트럴파크에 들어가면 다양한 멀티미디어 서비스의 세계로 안내를 받을 수 있으며 연구원이나 학생뿐만 아니라 주부나 일반인들도 이러한 광속 여행을 통해 일상의 스트레스를 해소할 수 있고, 지구촌이 자기의 손가락 끝에 있음을 인식할 수 있을 것이다.

① 사회 문제란 사회 구성원의 대다수가 문제로 여기는 객관적인 사회 상황이다.

② 오늘 신문에도 예외 없이 끔찍한 사건들이 올라와 있다. 비행기 테러, 인질극, 분신 자살…….

③ 현대 산업 사회는 물질만능주의를 만들어 냈고, 그 결과 문명 경시와 인간 소외의 사회를 만들게 되었다.

④ 유인원의 집단 생활은 창조적인 인간의 가족 생활과 유사한 점이 많다. 그러나 그것은 다만 본능에 따른 것이므로 창조적인 인간의 그것과는 구별된다.

✔**해설** 주어진 글의 주된 내용 전개 방식은 '예시'이다.
　　　① 정의 ③ 인과 ④ 비교, 대조

10

> (가) 자연 가운데서 가장 연약한 것이다.
>
> (나) 그러나 우주가 인간을 죽여 없애더라도, 인간은 그를 죽이는 우주보다도 뛰어난 값어치를 가지고 있다.
>
> (다) 그를 눌러 지르기 위하여, 전 우주가 무장할 필요는 없다.
>
> (라) 인간은 한 줄기 갈대다.
>
> (마) 왜냐하면, 그는 자기가 죽는다는 것과 우주가 자기보다 뛰어난 것임을 알고 있으나, 우주는 그런 것에 대하여 아무것도 모르기 때문이다.
>
> (바) 그러나 그것은 생각하는 갈대다.
>
> (사) 한 번 내뿜은 증기 한 방울의 물이라도 그를 죽이기에 충분하다.
>
> (아) 따라서 우리들의 모든 존엄은 우리들의 사고(思考) 속에 있는 것이다.

① (라) — (가) — (바) — (다) — (사) — (나) — (마) — (아)

② (라) — (다) — (사) — (나) — (마) — (아) — (가) — (바)

③ (라) — (바) — (가) — (나) — (사) — (다) — (마) — (아)

④ (라) — (바) — (아) — (다) — (사) — (가) — (마) — (나)

✔**해설** (라) 제시된 글은 파스칼의 팡세의 일부로서, 인간은 갈대(주지)→(가) 가장 연약한 존재(구체화)→(바) 그러나 생각하는 갈대(구체화)→(다) 죽이기 위해 우주의 무장은 필요 없고(전개)→(사) 한 번 내뿜은 증기 한 방울로 충분(전개)→(나) 하지만 인간은 우주보다 뛰어난 값어치(반론)→(마) 왜냐하면 인간은 알지만 우주는 모른다→(아) 따라서 우리들의 존엄은 우리의 사고 속에 있다(결론)의 구성이다.

Answer 9.② 10.①

11

(가) 그는 훌륭한 영혼이 훌륭한 신체를 만든다고 보아 무엇보다도 영혼을 위한 교육이 중요하다고 생각하였다.

(나) 그러나 플라톤에게 예술은 그 자체로서의 미를 추구하는 것이 아니라 이상 국가 건설이라는 목적에 부합하는 것이어야 했다.

(다) 그 중에서도 음악이 어떤 예술보다도 인간의 영혼에 큰 영향을 미친다고 보아 음악 교육을 강조했다.

(라) 따라서 음악 교육도 도덕성을 확립하는데 가장 중요한 방법으로 간주했다.

(마) 플라톤은 이상 국가 건설을 위해 국가에서 가르쳐야 할 것으로, 신체를 위한 교육과 영혼을 위한 교육을 들었다.

① (가) — (다) — (라) — (나) — (마)

② (가) — (나) — (라) — (다) — (마)

③ (마) — (가) — (다) — (나) — (라)

④ (마) — (가) — (나) — (다) — (라)

✔ 해설 (마) 플라톤의 교육에 대한 관점→(가) 플라톤이 강조한 영혼을 위한 교육→(다) 영혼을 위한 교육으로써의 음악 교육→(나) 플라톤의 예술관→(라) 도덕성 확립을 위한 음악 교육

12

(가) 그러나, 종과 종이라는 관계에서 본 경우는 어떨까.

(나) 포식관계에 있는 동물은 일반적으로 먹히는 쪽보다는 먹는 쪽이 강하다고 생각되는 경향이 있다.

(다) 확실히 일대일 개체 간의 관계에서는 그럴지도 모른다.

(라) 먹는 쪽의 목숨은 먹히는 쪽의 목숨에 따라 양육되어 왔다.

(마) 즉, 먹히는 쪽이 없으면 먹는 쪽은 살아갈 수 없다는 것이다.

① (가) — (다) — (나) — (라) — (마)

② (나) — (다) — (가) — (라) — (마)

③ (다) — (나) — (가) — (라) — (마)

④ (다) — (나) — (가) — (마) — (라)

✔ 해설 (나) 먹는 쪽이 강하다고 여겨지는 동물의 포식관계(도입)→(다) 이러한 포식관계가 전 개체 간에서 통용되는 것은 아님→(가) 종과 종이라는 관계에서 본 먹고 먹힘의 관계 → (라) 먹히는 쪽의 목숨에 따라 양육되어 온 먹는 쪽의 목숨→(마) 먹히는 쪽에 달린 먹는 쪽의 목숨

┃13~14┃ 다음 글을 순서대로 바르게 배열한 것을 고르시오.

13

ⓐ 하지만 맥아더 장군의 7월 하순 인천상륙작전 단행은 북한군의 남진을 저지할 유엔군의 병력부족으로 7월 10일 경에 무산되었다.

ⓑ 마침내 인천상륙작전에 대한 맥아더의 계획은 9월 9일 미 합동참모본부로부터 최종 승인되었고 이후 첩보대를 파견하여 인천연안에 대한 각 섬들과 해안을 정찰하여 관련 정보를 확보하였다.

ⓒ 1950년 가을, 인천 해안에서 상륙작전이 가능한 만조일은 9월 15일, 10월 11일, 11월 3일과 이 날짜를 포함한 전후 2~3일 뿐이었고 이 중 10월은 기후관계상 상륙하기에 늦은 시기로서 가장 적절한 시기는 9월 15일로 결정되었다.

ⓓ 이에 따라 그는 미 지상군의 참전이 결정된 나흘 뒤에 이미 일본에 주둔한 미 제1기병사단으로 7월 하순에 인천상륙작전을 단행할 수 있도록 상륙훈련을 지시하였다.

ⓔ 인천상륙작전은 맥아더 장군이 한강전선을 시찰하고 복귀한 직후인 1950년 7월 첫 주에 그의 참모장 알몬드(Edward M. Almond) 소장에게 하달한 지시와 더불어 조기에 계획이 진척되었다.

ⓕ 이후 상륙작전 구상은 비밀리에 계속 추진되고 있었다.

① ⓑⓐⓓⓒⓕⓔ

② ⓔⓕⓓⓒⓐⓑ

③ ⓔⓓⓐⓕⓒⓑ

④ ⓑⓒⓐⓓⓕⓔ

> ✔ **해설** ⓔ 한강전선 시찰 후 인천상륙작전을 계획한 맥아더 장군-ⓓ 상륙훈련을 지시하는 맥아더-ⓐ 병력부족으로 계획이 무산된 인천상륙작전-ⓕ 비밀리에 계속 추진된 인천상륙작전-ⓒ 9월 15일로 결정된 인천상륙작전-ⓑ 미 합동참모본부로부터 최종 승인된 인천상륙작전과 첩보대를 파견한 맥아더

14

⊙ 커피는 클로로겐산 때문에 위장을 자극하기 때문에 공복 때는 피하고 지나치게 마시지 말아야 한다.

⊙ 커피콩의 성분은 카페인·탄닌·단백질·지질·당질 등으로 이 중 커피의 g당 카페인 함유량은 녹차나 홍차보다 낮다.

⊙ 또, 카페인이나 탄닌 때문에 설탕을 섞으니 설탕의 과잉섭취가 염려되고, 설탕을 넣지 않은 커피는 위를 다치기 쉬우니 우유를 넣는 것이 좋다.

⊙ 이후 커피가 유럽에 전해진 것은 1651년이고, 인도에는 17세기 초에 들어 왔다.

⊙ 그러나 이 카페인 때문에 습관성이 생긴다.

⊙ 커피의 원산지는 에티오피아로 이것이 아라비아에 전해졌고 아라비아인은 오랫동안 커피산업을 독점하고 있었다.

① ⓑⓜⓛⓖⓔⓒ

② ⓑⓔⓛⓜⓖⓒ

③ ⓒⓖⓜⓔⓛⓑ

④ ⓒⓛⓖⓜⓔⓑ

✔ **해설** ⓑ 아라비아로 전해진 에티오피아의 커피-ⓔ 유럽과 인도로 전해진 커피-ⓛ 녹차나 홍차보다 g당 카페인 함유량이 낮은 커피-ⓜ 습관성이 생기는 카페인-ⓖ 커피의 부작용 1-ⓒ 커피의 부작용

┃15～18┃ 다음 괄호 안에 알맞은 접속사를 고르시오.

15

> 우리말을 외국어와 비교하면서 우리말 자체가 논리적 표현을 위해서는 부족하다는 것을 주장하는 사람들이 있다. (　　) 우리말이 논리적 표현에 부적합하다는 말은 우리말을 어떻게 이해하느냐에 따라 수긍이 갈 수도 있고 그렇지 않을 수도 있다.

① 그리고　　　　　　　　　　　② 그런데
③ 왜냐하면　　　　　　　　　　④ 그러나

> **해설** 뒷 문장은 앞 문장의 내용에 대한 부정과 반박에 해당하므로 역접의 기능을 가진 '그러나'가 들어가는 것이 적절하다.
> 접속 부사의 사용
> ㉠ 그리고, 또(한), 한편
> 　앞 문장과 뒤 문장이 병렬 관계 일 경우, 연쇄적·점층적 어구를 이어줄 경우
> ㉡ 그러나
> 　앞말을 구체화하거나 부연할 경우, 앞말과 뒷말이 상반되는 내용일 경우
> ㉢ 그러므로, 따라서
> 　앞말이 원인이고 뒷말이 결과일 경우
> ㉣ 그런데
> 　화제를 전환할 경우
> ㉤ 그러면
> 　앞의 내용을 다시 언급할 경우

16

> 곤충에도 뇌가 있다. 뇌에서 명령을 받아 다리나 날개를 움직이고, 음식물을 찾거나 적에게서 도망친다. (　　), 인간의 뇌에 비하면 그다지 발달되어 있다고는 말할 수 없다. (　　), 인간은 더욱 더 복잡한 일을 생각하거나, 기억하거나, 마음을 움직이게 하거나 하기 때문이다.

① 왜냐하면, 게다가　　　　　　② 하지만, 왜냐하면
③ 그렇지만, 아니면　　　　　　④ 또, 그런데

> **해설** '곤충에도 뇌가 있다(인간과 같다).'는 문장과 '인간의 뇌만큼 발달되어 있지 않다(차이).'는 문장으로 역접의 관계를 나타내는 접속어를 선택한다. 두 번째 괄호에는 '때문이다'로 보아 원인을 나타내는 접속사가 들어가야 한다.

17

어느 날 개 한 마리와 눈먼 남자가 버스에 탔다. 버스는 사람들로 가득 차 있었다. (　　) 그 눈먼 남자가 앉을 수 있는 좌석이 없었다. 개는 옆 사람들을 코로 밀며 그에게 앉을 자리를 갖게 해주려고 애쓰기 시작했다. (　　) 한 소녀가 일어나서 그 불쌍한 사람에게 자신의 자리를 내어 주었다.

① 그래서, 그러자
② 하지만, 그러자
③ 그래서, 그러므로
④ 그러므로, 따라서

✔해설　버스가 사람들로 가득 차 있어서 눈먼 남자가 앉을 자리가 없었다(원인과 결과)'는 문장과 '개가 눈먼 남자의 자리를 마련해 주기위해 코로 밀치자 소녀가 일어났다(행동과 결과)'는 문장으로 '그래서'와 '그러자'가 들어가야 적합하다.

18

좀 더 나은 경청자가 되려면 다른 사람이 말하는 내용에 집중해야 한다. 요점은 받아 적는다. (　　) 그 사람이 사용하는 연결어, (　　) '처음으로', '다음에는', 그리고 '마지막으로'와 같은 말에 주의를 기울여야 한다.

① 하지만, 왜냐하면
② 게다가, 따라서
③ 곧, 예를 들어
④ 그리고, 예를 들어

✔해설　'요점은 받아 적고 그 사람이 사용하는 연결어에도 주의를 기울여야 한다(순접).'의 문장과 '그 사람이 사용하는 연결어에는 처음으로·다음에는·마지막으로 등과 같은 말이 있다(예시).'의 문장이므로 '그리고'와 '예를 들어'가 가장 적절하다.

19 다음 글의 ( )에 들어갈 말이 순서대로 바르게 들어간 것은?

> 한옥에서 남자 어른이 주로 기거하는 공간은 사랑채이다. 사랑채는 대문과 바로 인접해 있기 때문에 집 안팎의 이동 상황을 효과적으로 점검할 수 있다. (㉠) 여성들은 주로 안채에 기거한다. 이런 구도는 얼핏 남성들이 여성들을 용이하게 보호하고, 여성들의 프라이버시를 최대한 보장하는 목적으로 설계된 듯 보인다. (㉡) 뒤집어서 생각해 보면, 이와 같은 한옥 구조는 여성들의 출입을 남성들이 철저하게 통제, 감시할 수 있다는 데에 중점이 놓인다. (㉢) 안채에서도 여성들의 위계질서는 공간적으로 구현된다. 즉, 안방의 시어머니는 장지문을 통해 얼마든지 부엌에서 벌어지는 며느리의 행동을 통제할 수 있다.

① 반면 – 그러나 – 또한 ② 그러나 – 그런데 – 그러므로

③ 그러나 – 그리하여 – 또한 ④ 반면 – 그런데 – 그래서

✔해설 ㉠ 남성들은 사랑채에 기거하는 반면, 여성들은 안채에 기거한다고 했으므로 '반면'이 들어가야 한다.
㉡ 대조되는 내용이므로 '그러나'가 들어가야 한다.
㉢ 남성들이 여성들의 출입을 감시할 뿐만 아니라, 안채에서도 위계질서가 구현되어 있으므로 '또한'으로 들어가야 한다.

20 다음 글의 ( )에 들어갈 접속어를 순서대로 나열한 것은?

> 〈2001 : 스페이스 오디세이〉에서 스탠리 큐브릭은 영화 음악으로 상당한 예술적 성과를 거두었다. 원래 큐브릭은 알렉스 노스에게 영화음악을 의뢰했었다. ( ) 영화를 편집할 때 임시 사운드 트랙으로 채택했던 클래식 음악들에서 만족스러운 효과를 얻자 그는 그 음악들을 그대로 영화에 사용했다. ( ) 요한 슈트라우스의 '아름답고 푸른 다튜브'와 리하르트 슈트라우스의 '차라투스트라는 이렇게 말했다'가 인간이 우주를 인식하고 새로운 경지의 정신에 다다르는 경이로운 장면들에 배경 음악으로 등장하게 되었다. 클래식 음악이 대중적인 오락물과 결합할 때, 그 음악은 평이한 수준으로 전락해 버리는 것이 흔한 일이다. ( ) 큐브릭의 영화는 이미지와 결부된 클래식 음악의 가치가 높아진, 거의 유일한 경우이다.

① 그러나 – 그리고 – 그런데 ② 하지만 – 그래서 – 그러나

③ 그런데 – 그리고 – 그러나 ④ 그리고 – 따라서 – 그러나

✔해설 큐브릭은 알렉스 노스에게 영화음악을 의뢰하려다 만족스러운 효과를 얻자 그대로 영화에 사용했다고 했으므로 역접의 '그러나, 하지만, 그런데'가 들어가는 것이 적절하다. 영화에 사용하면서 두 곡이 배경 음악으로 등장하게 되었으므로 '그래서'가 들어가는 것이 적절하다. 평이한 수준으로 전락해 버리는 것이 흔한 일이지만, 큐브릭의 영화는 유일한 경우라고 했으므로 '그러나'가 들어가야 한다.

Answer 17.① 18.④ 19.① 20.②

아마존 강은 세계에서 가장 큰 강으로 그 길이는 약 7,062km에 해당한다. 아마존 강의 유량은 미시시피 강, 나일 강, 창 강을 합친 것보다 많으며 하구는 대서양으로 통한다. 아마존 강은 바다로 흐르는 전 세계 담수의 약 20%를 차지한다. 그 다음으로 많은 담수량을 차지하는 강이 아프리카의 콩고 강과 중국의 양쯔 강인데 이 두 강의 담수량을 합해봐야 겨우 전 세계의 4%에 해당한다. 아마존 강 주변으로는 주기적인 범람으로 인해 습지가 생겼고 이 습지는 다양한 수생식물로 덮여있어 많은 동물들이 살 수 있는 서식지를 마련해준다. 아마존 분지는 그 기후가 대부분 열대우림으로 적도 수렴대에 위치해 매일 폭풍을 동반한 비가 내린다. 이처럼 아마존 강을 포함한 아마존 열대우림은 소위 지구의 허파라고도 불리며 세계 최대의 밀림을 자랑하지만 최근 들어 대규모 벌목 및 경작, 원주민들의 원시적인 열대 이동식 화전 농업으로 인해 빠른 속도로 파괴되고 있다.

21 다음 중 글의 내용과 일치하지 않는 것은?

① 아마존 강은 세계 최대의 강으로 그 유량은 미시시피 강, 나일 강, 창 강을 합친 것보다 많다.
② 콩고 강과 양쯔 강의 담수량을 합치면 전 세계 약 20%를 차지하며 이는 아마존 강보다 많은 양이다.
③ 현재 아마존 우림은 대규모 벌목과 경작, 화전 등으로 인해 빠른 속도로 파괴되고 있다.
④ 아마존 분지는 그 기후가 열대우림에 속하여 매일 폭풍을 동반한 비가 내리고 있다.

✔해설 ② 전 세계 담수의 약 20%를 차지하는 것은 아마존 강이며 콩고 강과 양쯔 강의 담수량을 합쳐도 고작 4%에 불과하다.

22 다음 중 위 글에 나온 내용으로 옳지 않은 것은?

① 아마존 강의 길이
② 아마존 강에 서식하는 동물
③ 아마존 강의 기후
④ 아마존 강이 차지하는 담수량의 비율

✔해설 ② 위 글에는 단지 아마존 강이 많은 동물들이 살 수 있는 서식지를 마련해 준다고 나올 뿐 정확하게 어떤 동물들이 살고 있는지는 나와 있지 않다.

23 다음은 어느 글의 마지막 문단이다. 이 문단 앞에 올 내용으로 가장 적절한 것은?

> 오늘날 우리가 살고 있는 지구는 이른바 세계화와 신자유주의 경제에 따른 국제 분업 체제에 지배되고 있다. 그런데 이 지구는 생태학적으로 보면 사실 폐쇄계나 다름없다. 석유와 같은 지하자원도 언젠가는 고갈될 것이라는 사실을 생각하면 아바나 시민이 경험한 위기는 세계의 모든 도시가 머지않아 직면하게 될 사태의 예고편이라 할 수 있다. 다시 말해 쿠바는 특수한 정치 상황 때문에 지구의 미래를 좀 더 일찍 경험하게 된 것이다.

① 사회주의체제 유지 강화를 위한 쿠바의 노력
② 쿠바 정부와 미국 정부 간의 갈등
③ 자원이 고갈되고 산업시스템이 멈춘 아바나
④ 쿠바의 인권운동가들을 향한 끊임없는 탄압

✔해설 주어진 문단에서는 지구의 생태학적인 위기에 대해 이야기하고 있고, "아바나 시민이 경험한 위기"가 문단 앞에 나오는 것이 가장 적절하다.

24 다음 글의 내용을 바르게 이해한 것은?

> 전통은 물론 과거로부터 이어 온 것을 말한다. 이 전통은 대체로 그 사회 및 그 사회의 구성원(構成員)인 개인(個人)의 몸에 배어 있는 것이다. 그러므로 스스로 깨닫지 못하는 사이에 전통은 우리의 현실에 작용(作用)하는 경우(境遇)가 있다. 그러나 과거에서 이어온 것을 무턱대고 모두 전통이라고 한다면, 인습(因襲)이라는 것과의 구별(區別)이 서지 않을 것이다. 우리는 인습을 버려야 할 것이라고는 생각하지만, 계승(繼承)해야 할 것이라고는 생각하지 않는다. 여기서 우리는 과거에서 이어 온 것을 객관화(客觀化)하고 이를 비판(批判)하는 입장에 서야 할 필요를 느끼게 된다. 그 비판을 통해서 현재(現在)의 문화 창조에 이바지 할 수 있다고 생각되는 것만을 우리는 전통이라고 불러야 할 것이다. 이같이, 전통은 인습과 구별될뿐더러 또 단순한 유물(遺物)과도 구별되어야 한다. 현재의 문화를 창조하는 일과 관계가 없는 것을 우리는 문화적 전통이라고 부를 수가 없기 때문이다.

① 전통은 우리 현실에 아무런 영향을 끼치지 못한다.
② 인습은 우리가 계승해야 할 유산이다.
③ 우리는 과거에서 이어 온 것을 비판 없이 수용해야 한다.
④ 문화적 전통은 현재의 문화 창조에 이바지한다.

✔해설 제시된 글을 보면 '현재의 문화 창조에 이바지 할 수 있다고 생각되는 것만을 우리는 전통이라고 불러야 할 것이다.'라는 구절이 있다.

Answer 21.② 22.② 23.③ 24.④

25 다음 글의 중심내용은?

> 헤르만 헤세는 어느 책이 유명하다거나 그것을 모르면 수치스럽다는 이유만으로 그 책을 무리하게 읽으려는 것은 참으로 그릇된 일이라 했다. 그는 이어서, "그렇게 하기보다는 모든 사람은 자기에게 자연스러운 면에서 읽고, 알고, 사랑해야 할 것이다. 어느 사람은 학생 시절의 초기에 벌써 아름다운 시구의 사랑을 자기 안에서 발견할 수 있으며, 혹은 어느 사람은 역사나 자기 고향의 전설에 마음이 끌리게 되고 또는 민요에 대한 기쁨이나 우리의 감정이 정밀하게 연구되고 뛰어난 지성으로써 해석된 것에 독서의 매력 있는 행복감을 가질 수 있을 것이다."라고 말한 바 있다.

① 학생 시절에 고전과 명작을 많이 읽고 교양을 쌓아야 한다.
② 다양한 주제의 책을 두루 읽어 보는 것이 좋다.
③ 자신이 읽고 싶은 책을 읽는 것이 좋다.
④ 자신이 속한 사회나 역사나 전설에 관한 책을 읽으면 애향심을 기를 수 있다.

✔ 해설 ③ 억지로 책을 읽지 말고, 자신이 원하는 것을 찾아서 읽으라고 말하고 있다.

26 다음 중 이 글의 주제로 옳은 것은?

> 인류 역사가 시작된 이래 전쟁은 동서고금을 막론하고 어느 시대 어느 곳에서든지 일어났고 또 앞으로도 일어날 것이다. 우리는 이러한 전쟁을 어떻게 봐야 할까? 전쟁을 언젠가 직접적이든 간접적이든 겪어야 한다면 우리는 이미 일어난 전쟁을 통해 전쟁이 왜 일어났고 그 피해는 어떠했으며 그것을 막을 수 있는 방법은 없었는지, 그리고 앞으로 이러한 전쟁이 다시는 되풀이 되지 않도록 하려면 어떻게 해야 하는지 등 많은 교훈을 얻고 그것을 후세에 전해야 할 것이다. 그 대표적인 책 중에 하나가 바로 조선시대 임진왜란 당시 영의정을 지냈던 유성룡이 지은 「징비록(懲毖錄)」이다.
>
> 이 책은 임진왜란 중 1592년부터 1598년까지의 일들을 작가가 직접 체험하면서 느낀 점을 기록한 책으로 여기에는 전쟁 전 조선과 일본과의 관계, 전쟁 발발과 진행 상황, 정유재란, 그리고 전쟁이 끝난 후 조선의 상황 등 다양한 내용이 담겨있다.
>
> 우리는 이 책의 제목인 '징비록(懲毖錄)'을 통해 작가의 의도를 파악할 수 있다. 여기서 '징비(懲毖)'란 "내가 징계해서 후환을 경계한다."는 뜻으로 「시경(詩經)」에 나오는 구절이다. 즉 작가는 임진왜란 당시 자신이 겪은 체험을 통해 후대에 다시는 이런 일이 반복되지 않기를 바라는 마음에서 이 책을 지은 것이다.
>
> 따라서 현재에 사는 우리는 이러한 과거의 유산을 통해 좀 더 나은 미래를 만들어 가야 할 것이다.

① 과거의 잘못을 교훈으로 삼아 앞으로 이러한 일이 되풀이 되지 말아야 한다.
② 전쟁은 앞으로도 계속 일어날 것이기에 미리 힘을 길러야 한다.
③ 징비록을 통해 임진왜란의 원인을 알아야 한다.
④ 과거는 과거의 일이므로 이를 잊고 새로운 미래를 준비해야 한다.

> ✔ 해설 위의 글은 과거의 잘못을 교훈으로 삼아 현재와 미래에 그러한 일이 되풀이 되지 않아야 한다는 내용의 글로 징비록은 그러한 내용의 한 예이다.

27 다음 글의 내용과 부합하는 것은?

> 대체재와 대안재의 구별은 소비자뿐만 아니라 판매자에게도 중요하다. 형태는 달라도 동일한 핵심 기능을 제공하는 제품이나 서비스는 각각 서로의 대체재가 될 수 있다.
>
> 대안제는 기능과 형태는 다르나 동일한 목적을 충족하는 제품이나 서비스를 의미한다.
>
> 사람들은 회계 작업을 위해 재무 소프트웨어를 구매하여 활용하거나 회계사를 고용해 처리하기도 한다. 회계 작업을 수행한다는 측면에서, 형태는 다르지만 동일한 기능을 갖고 있는 두 방법 중 하나를 선택할 수 있다.
>
> 이와는 달리 형태와 기능이 다르지만 같은 목적을 충족시켜주는 제품이나 서비스가 있다. 여가 시간을 즐기고자 영화관 또는 카페를 선택해야 하는 상황을 보자. 카페는 물리적으로 영화관과 유사하지도 않고 기능도 다르다. 하지만 이런 차이에도 불구하고 사람들은 여가 시간을 보내기 위한 목적으로 영화관 또는 카페를 선택한다.
>
> 소비자들은 구매를 결정하기 전에 대안적인 상품들을 놓고 저울질한다. 일반 소비자나 기업 구매자 모두 그러한 의사결정 과정을 갖는다. 그러나 어떤 이유에서인지 우리가 파는 사람의 입장이 됐을 때는 그런 과정을 생각하지 못한다. 판매자들은 고객들이 대안 산업군 전체에서 하나를 선택하게 되는 과정을 생각하지 못한다. 반면에 대체재의 가격 변동, 상품 모델의 변화, 광고 캠페인 등에 대한 새로운 정보는 판매자들에게 매우 큰 관심거리이므로 그들의 의사결정에 중요한 역할을 한다.

① 판매자들은 대안제보다 대체재 관련 정보에 민감하게 반응한다.
② 판매자들은 소비자들의 대안제 선택 과정을 잘 이해한다.
③ 재무 소프트웨어와 회계사는 서로 대안재의 관계에 있다.
④ 영화관과 카페는 서로 대체재의 관계에 있다.

> ✔ **해설** ② 판매자들은 소비자들의 대안제 선택 과정을 생각하지 못한다.
> ③ 재무 소프트웨어와 회계사는 서로 대체재의 관계에 있다.
> ④ 영화관과 카페는 서로 대안재의 관계에 있다.

28 다음 글의 제목으로 가장 적합한 것은?

> 스포츠는 인간의 역사와 더불어 가장 오랫동안 인류 문명에 공헌한 문화유산이다. 그러나 스포츠는 때로 내셔널리즘과 국가 선전에 이용되었으며, 정치와 권력의 시녀로 전락한 적도 있었다. 특히 오늘날의 스포츠는 인류의 도덕과 윤리를 망각한 것처럼 보일 때조차 있다. 상업화, 프로화로 인해 이제 스포츠의 본질적 요소들을 이해하지 않은 채 스포츠의 신체적, 외부적 측면에만 집착한다면 결국 스포츠는 도덕적으로 또 윤리적으로 낙후된 문화로 전락될 수밖에 없다.
>
> 스포츠에는 정신적, 도덕적, 철학적, 심미적인 예술의 미가 그 본질에 담겨져 있다. 따라서 스포츠를 통한 페어플레이 정신, 훌륭한 경쟁과 우정, 스포츠맨십 등 인격 함양을 위한 노력이 무엇보다 선행되어야 한다. 그렇게 함으로써 스포츠를 윤리적이고 도덕적인 교육문화로 승화시킬 수 있는 것이다.

① 스포츠와 국가 권력

② 스포츠와 인간의 역사

③ 스포츠의 문화적 측면

④ 스포츠의 기원과 변천

> ✔ 해설 인류 문명에 공헌한 문화유산이라는 문장이 나오고 스포츠를 통한 페어플레이 정신, 훌륭한 경쟁과 우정, 스포츠맨십 등 인격 함양을 위한 노력이 선행될 때 스포츠를 윤리적이고 도덕적인 교육문화로 승화시킬 수 있다는 문장이 나오므로 이글은 스포츠의 문화적 측면에 대한 내용이므로 이 글의 주제는 스포츠의 문화적 측면이 적절하다.

29 다음 글의 주제문으로서 가장 적절한 것은?

> 표준화된 언어는 의사소통을 효과적으로 하기 위하여 의도적으로 선택해야 할 공용어로서의 가치가 있다. 반면에 방언은 지역이나 계층의 언어와 문화를 보존하고 드러냄으로써 국가 전체의 언어와 문화를 다양하게 발전시키는 토대로서의 가치가 있다. 이러한 의미에서 표준화된 언어와 방언은 상호 보완적인 관계에 있다. 표준화된 언어가 있기에 정확한 의사소통이 가능하며, 방언이 있기에 개인의 언어생활에서나 언어 예술 활동에서 자유롭고 창의적인 표현이 가능하다. 결국 우리는 표준화된 언어와 방언 둘 다의 가치를 인정해야 하며, 발화(發話) 상황(狀況)을 잘 고려해서 표준화된 언어와 방언을 잘 가려서 사용할 줄 아는 능력을 길러야 한다.

① 창의적인 예술 활동에서는 방언의 기능이 중요하다.
② 표준화된 언어와 방언에는 각각 독자적인 가치와 역할이 있다.
③ 정확한 의사소통을 위해서는 표준화된 언어가 꼭 필요하다.
④ 표준화된 언어와 방언을 구분할 줄 아는 능력을 길러야 한다.

> ✔해설 표준화된 언어는 의사소통을 효과적으로 하기 위하여 의도적으로 선택해야 할 공용어로서의 가치가 있고 방언은 국가 전체의 언어와 문화를 다양하게 발전시키는 토대로서의 가치가 있다는 것이 이 글의 주된 내용이다. 따라서 이 글의 주제로 알맞은 것은 '표준화된 언어와 방언은 각각의 다른 가치가 있다'이다.

30 다음 빈칸에 들어갈 내용으로 알맞지 않은 것은?

> 우리가 살아남고, 다음 세대들이 이 조그마한 행성 위에서 삶을 향유할 수 있게 하려면 탐욕이 아니라 자연의 순리가 사람살이의 척도가 되는 세상을 향해 조금이라도 나아가기를 염원하고 노력하는 수밖에 다른 선택이 없다. 대량생산과 소비체제, 장거리 유통구조, 거대산업과 권력의 중앙 집중, 관료주의 학교와 병원의 위계질서, 행형제도, 비대화하는 도시공간과 황폐화하는 농촌, 과학기계 영농, 자가용에 의존하는 교통체계 ─ 도대체 이런 것들이 지탱 가능한 생활방식인지 따져보아야 한다. ＿＿＿＿＿＿＿＿＿＿＿＿ 진정 생명가치를 인식하고 선양하려면 우리가 탐닉해 있는 문명의 안락과 편의를 많은 부분 포기할 필요가 있다.

① 이와 같은 것들이 불러올 수 있는 환경문제의 심각성을 피부로 깨달아야 한다.

② 우리는 이런 문제의 심각성을 깨닫고 있지만 그것들이 주는 안락함에 안주하고 있다.

③ 환경에 대한 인식이 높아진다 해도 그것을 자신의 일상생활과 관련짓지 못한다면 그런 인식은 헛된 것일 뿐이다.

④ 문명이 이처럼 발달함에 따라 인간의 편안함만을 추구하기보다 환경을 보전하려는 활동이 활발하게 일어나고 있다.

✔해설 문명의 발달이 환경에 주는 해악에 대해 무감각하고, 문명이 주는 편의에 젖어 있는 인간들의 모습을 비판하는 것으로 볼 때, 환경 보전을 위한 긍정적인 움직임을 말하고 있는 ④의 문장은 빈칸에 적합하지 않다.

31 다음 글의 내용과 부합하는 것은?

우리는 음악을 일반적으로 감정의 예술로 이해한다. 아름다운 선율과 화음은 듣는 사람의 마음속으로 파고든다. 그래서인지 음악을 수(數)또는 수학(數學)과 연결시키기 어렵다고 생각하는 경우가 많다. 하지만 음악 작품은 다양한 화성과 리듬으로 구성되고, 이들은 3도 음정, 1도 화음, 3/4박자, 8분 음표처럼 수와 관련되어 나타난다. 음악을 구성하는 원리로 수학의 원칙과 질서 등이 활용되는 것이다.

고대에도 음악과 수, 음악과 수학의 관계는 음악을 설명하는 중요한 사고의 틀로 작동했다. 중세 시대의 '아이소리듬 모테트'와 르네상스 시대 오케켐의 '36성부 카논'은 서양 전통 음악 장르에서 사용되는 작곡 기법도 수의 관계로 설명할 수 있다는 것을 보여준다. 음정과 음계는 수학적 질서를 통해 음악의 예술적 특성과 음악의 미적 가치를 효과적으로 전달했다. 20세기에 들어와 음악과 수, 음악과 수학의 관계는 더욱 밀접해졌다. 피보나치 수열을 작품의 중심 모티브로 연결한 바르톡, 건축가 르 코르뷔지에와의 공동 작업으로 건축적 비례를 음악에 연결시킨 제나키스의 현대 음악 작품들은 좋은 사례이다. 12음 기법과 총렬음악, 분석 이론의 일종인 집합론을 활용한 현대 음악 이론에서도 음악과 수, 음악과 수학의 밀접한 관계는 잘 드러난다.

① 수학을 통해 음악을 설명하려는 경향은 현대에 생겨났다.
② 음악의 미적 가치는 수학적 질서를 통해 드러날 수 있다.
③ 건축학 이론은 현대 음악의 특성을 건축설계에 반영한다.
④ 음악은 감정의 예술이 아니라 감각의 예술로 이해해야 한다.

✔해설 ① 고대에도 음악과 수, 음악과 수학의 관계는 음악을 설명하는 중요한 사고의 틀로 작동했다.
③ 건축적 비례를 음악에 연결시켰다고 했을 뿐, 음악의 특성을 건축설계에 반영하는 것은 아니다.
④ 제시된 글로는 알 수 없다.

32 다음 글에 관련된 내용을 바르게 이해하지 못한 것은?

> 한 사회의 불평등 수준은 대개 '지니 계수'로 나타난다. 지니 계수는 0과 1 사이의 값을 가지는데 1에 가까울수록 불평등이 심한 것을 의미한다. 먼저 2005년 기준으로 우리나라 시장 소득의 지니 계수는 0.31로 나타났다. OECD 국가 중 복지 강국인 북유럽 국가들을 살펴보면 스웨덴의 지니 계수는 0.23, 핀란드의 지니 계수는 0.27로 가장 낮은 수준이었다. 이밖에 0.28인 독일과 0.29인 프랑스는 북유럽 국가에 비해서는 높은 수준이지만 우리나라보다는 낮았다. 반면 미국의 지니 계수는 0.38로 우리나라보다도 상당히 높은 것으로 나타났으며 OECD국가들 중 지니 계수가 가장 높은 국가는 0.47의 멕시코였다.

① 미국은 우리나라보다 불평등의 문제가 심각한 나라이다.

② 불평등의 문제가 완화되면 지니 계수가 더 떨어질 것이다.

③ 북중미 국가들의 불평등 문제는 다른 대륙의 국가들에 비해서 심각하지 않다.

④ OECD 국가 중 스웨덴은 사회의 불평등 수준이 가장 낮은 국가이다.

✔해설 ① 우리나라의 지니 계수는 0.31이고 미국은 0.38로 미국이 1에 더 가깝기 때문에 불평등 문제가 더 심각하다.
② 1에 가까울수록 불평등이 심하다고 했으므로, 불평등 문제가 완화되면 지니 계수는 떨어지게 된다.
③ 멕시코는 북중미에 속하는 국가로 OECD국가들 중 지니 계수가 가장 높은 0.47이었다.
④ 스웨덴은 지니 계수가 0.23으로 가장 불평등 수준이 낮은 국가이다.

33 다음 빈칸에 들어갈 말로 가장 알맞은 것은?

바야흐로 "21세기는 문화의 세기가 될 것이다."라는 전망과 주장은 단순한 바람의 차원을 넘어서 보편적 현상으로 인식되고 있다. 이러한 현상은 세계 질서가 유형의 자원이 힘이 되었던 산업 사회에서 눈에 보이지 않는 무형의 지식과 정보가 경쟁력의 원천이 되는 지식 정보 사회로 재편되는 것과 맥을 같이 한다.

지금까지의 산업 사회에서 문화와 경제는 각각 독자적 영역을 유지해 왔다. 그러나 지식 정보사회에서는 경제 성장에 따라 소득 수준이 향상되고 교육 기회가 확대되면서 물질적 풍요를 뛰어넘는 삶의 질을 고민하게 되었고, 모든 재화와 서비스를 선택할 때 기능성을 능가하는 문화적 · 미적 가치를 고려하게 되었다. 뿐만 아니라 정보 통신이 급격하게 발달함에 따라 세계 각국의 다양한 문화를 보다 빠르게 수용하면서 문화적 욕구와 소비를 가속화시켰고, 그 상황 속에서 문화와 경제는 서로 도움이 되는 보완적 기능을 하게 되었다.

이제 문화는 배부른 자나 유한계급의 전유물이 아니라 생활 그 자체가 되었다. 고급문화와 대중문화의 경계가 무너지고 장르 간 구분이 모호해지면서 서로 다른 문화가 뒤섞여 새로운 문화가 생겨나고 있다. 이렇게 해서 나타나는 퓨전 문화가 대중적 관심을 끌고 있는 가운데, 이율배반적인 것처럼 보였던 문화와 경제의 _____ 시대가 열린 것이다. 특히 경제적 측면에서 문화는 고전 경제학에서 말하는 생산의 3대 요소인 토지 · 노동 · 자본을 대체하는 생산 요소가 되었을 뿐만 아니라 경제적 자본 이상의 주요한 자본이 되고 있다.

① 혼합(混合)

② 공생(共生)

③ 갈등(葛藤)

④ 혼돈(混沌)

✔ **해설** 서로 대립될 줄 알았던 문화와 경제가 서로 도움이 되는 보완적 기능을 하게 되었다고 하였으므로 빈칸에 가장 적합한 단어는 '서로 도우며 함께 삶'을 뜻하는 '공생(共生)'이다.

34 다음 글의 중심 내용으로 가장 적절한 것은?

> 옛날 어느 나라에 장군이 있었다. 병사들과 생사고락을 같이하는, 능력 있는 장군이었다. 하루는 전쟁터에서 휘하의 군사들을 점검하다가 등창이 나서 고생하는 한 병사를 만났다. 장군은 그 병사의 종기에 입을 대고 피고름을 빨아냈다. 종기로 고생하던 병사는 물론 그 장면을 지켜본 모든 군사들이 장군의 태도에 감동했다. 하지만 이 소식을 들은 그 병사의 어머니는 슬퍼하며 소리 내어 울었다. 마을 사람들이 의아해하며 묻자 그 어머니는 말했다. 장차 내 아들이 전쟁터에서 죽게 될 텐데 어찌 슬프지 않겠는가.
>
> 이 병사의 어머니는, 교환의 질서와 구분되는 증여의 질서를 정확하게 간파하고 있다. 말뜻 그대로 보자면 교환은 주고받는 것이고, 증여는 그냥 주는 것이다. 교환의 질서가 현재 우리 삶의 핵심적인 요소라는 점에는 긴 설명이 필요 없을 것이다. 자본주의 시장 경제의 으뜸가는 원리가 등가 교환이기 때문이다. 그렇다면 증여의 질서란 무엇인가. 단지 주기만 하는 것인가. 일단 간 것이 있는데 오는 것이 없기는 어렵다. 위의 예처럼 장군은 단지 자기 휘하 병사의 병을 걱정했을 뿐이지만 그 행위는 다른 형태로 보답받는다. 자기를 배려하고 인정해준 장군에게 병사가 돌려줄 수 있는 최고의 것은 목숨을 건 충성일 것이다. 어머니가 슬퍼했던 것이 바로 그것이기도 했다. 내게 주어진 신뢰와 사랑이라는 무형의 선물을 목숨으로 갚아야 한다는 것.
>
> 그렇다면 교환이나 증여는 모두 주고받는 것이라는 점에서는 마찬가지가 아닌가. 이 둘은 어떻게 구분되는가. 최소한 세 가지 점을 지적할 수 있겠다. 첫째, 교환과 달리 증여는 계량 가능한 물질을 매개로 하지 않는다. 둘째, 교환에서는 주고받는 일이 동시적으로 이루어지지만, 선물을 둘러싼 증여와 답례는 시간을 두고 이어진다. 그래서 증여는 '지연된 교환'이다. 셋째, 교환과는 달리 증여에는 이해관계가 개입하지 않는다.

① 증여와 교환의 차이
② 어머니의 자식 사랑
③ 자본주의 시장 경제의 원리
④ 리더의 올바른 자세

✔**해설** 장군과 그 어머니에 관한 일화를 예로 들어 증여와 교환의 차이를 설명하고 있다.

20세기 후반 학계에서 자유에 대한 논의를 본격화한 장본인은 바로 벌린이었다. 벌린의 주장은, 지금까지 서양 사상사에서 자유는 간섭과 방해의 부재라는 의미의 '소극적 자유'와 공동체에의 참여를 통한 자아실현이라는 의미의 '적극적 자유', 이 두 가지 개념으로 정의되어 왔는데, 그 중 전자만이 진정한 자유라고 할 수 있다는 것이다. 진정한 자유는 사적인 욕망을 억제하고 ⓐ이성적 삶을 통해 공동체에 적극적으로 참여함으로써 공동체의 공동 자아와 일치되는 자아를 형성할 때 비로소 가능하다는 주장은, 결국 개인의 사적 자유를 침해하는 전제로 이어질 수 밖에는 없다는 것이다. 소극적 자유가 침해받을 수 없는 ⓑ배타적 사적 영역을 확보해야 하는 개인으로서의 인간을 강조하는 근대적 인간관과 관련된 것이라면, 적극적 자유는 공동체의 구성원으로서의 공적 행위와 윤리를 실천해야 하는 공민으로서의 인간을 강조하는 고대적 인간관과 관련이 있다.

스키너는 간섭의 부재가 곧 자유를 의미하지는 않는다고 주장했다. 예를 들어, 인자한 주인 밑에서 일하는 노예는 간섭 없이 살아갈 수 있지만 자유롭다고는 할 수 없다. 왜냐하면 노예는 주인의 재량에 종속되어 언제라도 그의 ⓒ자의적 지배를 받을 수 있기 때문이다. 즉, 자유는 간섭의 부재로만 규정되어서는 안 되고, 더 ⓓ본질적으로 종속 혹은 지배의 부재로 규정되어야 한다는 것이다. 왕의 대권이 존재하면 그가 국민을 예종(隷從)의 상태로 몰아놓을 수 있기 때문에 왕정 아래에 있는 국민은 자유롭지 못하다. 자유를 지속적으로 누릴 수 있는지 없는지가 어떤 타인의 자의적 의지에 달려있다면 현재 사실상 자유를 마음껏 누리고 있다고 해도, 그 사람은 자유인이 아니다. 또한 권리와 자유를 행사할 수 있는 역량이 타인의 의지에 종속되지 않아야 한다. 인간 개개인의 육체가 자신의 의지대로 무엇을 할 수 있거나 혹은 하지 않을 수 있을 때 비로소 자유로운 것처럼, 국민과 국가의 조직체도 그것이 원하는 목표를 실현하기 위해 그 의지에 따라 권력을 행사하는 데 제약받지 않을 때 비로소 자유롭다고 할 수 있다.

35 전제군주의 통치 아래에 있는 신민을 군주가 자유롭게 내버려 두는 것에 대한 벌린과 스키너의 관점으로 옳은 것은?

① 벌린은 자유롭다하고, 스키너는 자유롭지 못하다고 할 것이다.

② 벌린은 자유롭지 못하다하고, 스키너는 자유롭다 할 것이다.

③ 벌린과 스키너 모두 자유롭다 할 것이다.

④ 벌린과 스키너 모두 자유롭지 못하다고 할 것이다.

✔**해설** 자유롭게 내버려 둔 신민은 간섭과 방해가 없기 때문에(소극적 자유) 벌린은 자유롭다 할 것이나, 스키너는 이 신민은 군주가 언제라도 자의적으로 지배할 수 있기 때문에 자유롭지 못하다고 할 것이다.

36 위 글을 읽고 스키너의 주장에 대한 내용으로 옳지 않은 것은?

① 개인의 자유를 최대화하기 위해 공동체가 요구하는 사회적 의무를 간섭으로 생각해서는 안 된다.

② 자유는 시민이 국가의 입법과 정책결정 과정에 평등하게 참여할 수 있을 때 확보될 수 있다.

③ 타인의 자의적 의지에 의해 자유를 억압받을 수 있다면 현재 사실상 자유를 마음껏 누리고 있다고 해도 그 사람은 자유로운 사람이 아니다.

④ 개인의 자유와 공동선은 양립 불가능하다.

✔해설 공동선과 개인의 자유가 양립할 수 없다고 주장한 사람은 벌린이다.

37 위 글의 밑줄 친 ⓐ~ⓓ의 사전적 의미로 옳지 않은 것은?

① ⓐ 이성적 : 이성에 따르거나 이성에 근거한, 또는 그런 것

② ⓑ 배타적 : 자기의 이익보다는 다른 이의 이익을 더 꾀하는, 또는 그런 것

③ ⓒ 자의적 : 일정한 질서를 무시하고 제멋대로 하는, 또는 그런 것

④ ⓓ 본질적 : 본질에 관한, 또는 그런 것

✔해설 '배타적'의 사전적 의미는 남을 배척하는, 또는 그런 것이다. 자기의 이익보다 다른 이의 이익을 더 꾀하는, 또는 그런 것은 '이타적'의 사전적 의미이다.

Answer 35.① 36.④ 37.②

현대 예술 철학의 대표적인 이론가이자 비평가인 단토는 예술의 종말을 선언하였다. 그는 자신이 예술의 종말을 주장할 수 있었던 계기를 1964년 맨해튼의 스테이블 화랑에서 열린 앤디 워홀의 〈브릴로 상자〉의 전시회에서 찾고 있다. 그는 워홀의 작품 〈브릴로 상자〉가 일상의 사물, 즉 슈퍼마켓에서 판매하고 있는 브릴로 상자와 지각적 측면에서 차이가 없음에 주목하여 예술의 본질을 찾는 데 몰두하기 시작하였다.

워홀의 〈브릴로 상자〉를 통해, 그는 동일하거나 유사한 두 대상이 있을 때, 하나는 일상의 사물이고 다른 하나는 예술 작품인 이유를 탐색하였다. 그 결과 어떤 대상이 예술 작품이 되기 위해서는 그것이 '무엇에 관함(aboutness)'과 '구현(embody)'이라는 두 가지 요소를 필수적으로 갖추고 있어야 한다는 결론에 이르렀다. 여기서 '무엇에 관함'은 내용 또는 의미, 즉 예술가가 의도한 주제를 가지고 있어야 함을 가리키며, '구현'은 그것을 적절한 매체나 효과적인 방식을 통해 나타내는 것을 말한다. 따라서 그에 따르면 예술 작품은 해석되어야 할 주제를 가질 수 있어야 한다.

이후 단토는 예술의 역사에 대한 성찰을 통해 워홀의 〈브릴로 상자〉가 1964년보다 훨씬 이른 시기에 등장했다면 예술 작품으로서의 지위를 부여받지 못했을 것이라고 주장하면서, '예술계(artworld)'라는 개념을 도입하였다. 그가 말하는 '예술계'란 어떤 대상을 예술 작품으로 식별하기 위해 선행적으로 필요한 것으로, 당대 예술 상황을 주도하는 지식과 이론 그리고 태도 등을 포괄하는 체계를 가리킨다. 1964년의 〈브릴로 상자〉가 예술 작품으로서의 지위를 갖는 것은, 일상의 사물과 유사하게 보이는 대상도 예술 작품으로 인정할 수 있다는 새로운 믿음 체계가 있었기에 가능했다는 것이다.

단토는 예술의 역사를 일종의 '내러티브(이야기)'의 역사로 파악해야 한다고 주장하였다. 역사가 그러하듯이 예술사도 무수한 예술적 사건들 중에서 중요하다고 여기는 사건들을 선택하고 그 연관성을 질서화하는 내러티브를 가진다는 것이다. 르네상스 시대부터 인상주의에 이르기까지 지속된 이른바 '바자리의 내러티브'는 대표적인 예이다. 모방론을 중심 이론으로 삼았던 바자리는 생생한 시각적 경험을 가져다주는 정확한 재현이 예술의 목적이자 추동 원리라고 보았는데, 이러한 바자리의 내러티브는 사진과 영화의 등장, 비서구 사회의 문화적 도전 등의 충격으로 뿌리째 흔들리기 시작하였다. 이러한 상황에서 당대의 예술가들은 예술은 무엇인가, 예술은 무엇을 해야 하는가에 대한 질문을 던지게 되고, 그에 따라 예술은 모방에서 벗어나 철학적 내러티브로 변하게 되었다. 이러한 상황에서 예술사를 예술이 자신의 본질을 찾아 진보해 온 발전의 역사로 보는 단토는, 워홀의 〈브릴로 상자〉에서 예술의 종말을 발견하게 되었던 것이다.

〈브릴로 상자〉로 촉발된 단토의 예술 종말론은 더 이상 예술이 존재할 수 없게 되었다는 주장이 아니라, 예술이 철학적 단계에 이름에 따라 그 이전의 내러티브가 종결되었음을 의미하는 것이라 할 수 있다. 그런 점에서 그의 예술 종말론은 비극적 선언이 아닌 낙관적 전망으로 해석할 수 있다. 단토는 예술 종말론을 통해 예술이 추구해야 할 특정한 방향이 없는 시기, 예술이 성취해야 하는 과업에 대해 고민할 필요가 없는 시기, 즉 예술 해방기의 도래를 천명한 것이기 때문이다.

38 윗글에서 다루고 있는 내용이 아닌 것은?

① 단토가 파악한 내러티브로서의 예술사
② 단토가 예술 종말론을 주장하게 된 계기
③ 단토의 예술 종말론이 지닌 긍정적 함의
④ 단토가 제안한 예술계의 지위 회복 방법

> ✔해설 ① 넷째 문단에서 단토가 파악한 내러티브로서의 예술사에 대해 다루고 있다.
> ② 첫째 문단에서 단토가 예술 종말론을 주장하게 된 계기를 밝히고 있다.
> ③ 다섯째 문단에서 단토의 예술 종말론이 지닌 긍정적 함의에 대해 다루고 있다.

39 윗글의 내용으로 보아 '단토'의 견해에 부합하기 어려운 진술은?

① 오늘날의 예술이 무엇인가 알기 위해서는 감각으로 경험하는 것을 넘어 철학적으로 사고하는 접근이 필요하다.
② 예술 작품의 본질을 정의하려던 과거의 시도가 결국 실패한 것은 그것을 근본적으로 정의할 수 없기 때문이다.
③ 실제 사물과 달리, 예술 작품은 그것을 예술로 존재하게 하는 지식과 이론 등에 의해 예술 작품으로 인정받는다.
④ 예술의 종말 이후에도 시각적 재현을 위주로 하는 그림은 그려지겠지만, 그것이 재현의 내러티브를 발전시키지는 않는다.

> ✔해설 ② 단토는 〈브릴로 상자〉를 계기로 예술의 본질을 찾는 데 몰두하였고, 그 결과 예술 작품은 '무엇에 관함'과 '구현'이라는 두 가지 요소를 필수적으로 갖추고 있어야 한다고 말했다. 더불어, '예술계'를 바탕으로 예술 작품이 그 지위를 획득하는 것이라고 보았다. 단토가 예술 작품의 본질을 근본적으로 정의할 수 없다고 생각한 것은 아니다.

40 다음 글을 읽고 추론한 것으로 옳지 않은 것을 보기에서 모두 고르면?

인공강우는 구름을 이루는 작은 수증기 입자들이 서로 잘 뭉쳐 물방울로 떨어지도록 구름씨(응결핵)를 뿌려주는 것을 말한다. 자연적으로는 작은 얼음 결정이 구름씨 역할을 하는데 인공강우의 경우 항공기로 구름에 요오드화은(AgI)이나 드라이아이스(CO_2) 입자를 살포하는 방법이 가장 일반적이다.

문제는 인공강우를 내리려면 비를 내릴 수 있을 정도의 수분을 가진 구름이 있어야 한다는 점이다. 일반적으로 고농도 미세먼지는 한반도가 고기압 영향권에 들어가 대기가 정체될 때 오염물질이 쌓이면서 발생하는데, 이런 고기압 상태에서는 구름이 없고 날씨가 맑다. 이와 같이 구름이 없으면 아무리 많은 구름씨를 뿌려줘도 비를 내릴 수 없다.

구름이 있다 해도 인공강우로 내릴 수 있는 비의 양은 시간당 0.1~1mm에 불과하다. 미세먼지를 쓸어내리기에는 부족한 양이다. 기존에도 국립기상과학원은 가뭄 해소를 위한 대안으로 인공강우 실험을 해왔는데 9차례의 시도 중 4차례 비를 만드는 데 성공하긴 했지만 비의 양이 매우 적은 것으로 확인했다.

또한 인공강우를 활용한 미세먼지 저감은 효과가 있다고 하더라도 일시적일 뿐이다. A 교수는 "대기 오염물질의 배출량을 근본적으로 줄이지 않으면, 비가 온 뒤 잠깐 깨끗해질 순 있어도 곧 미세먼지는 다시 생성될 것"이라며 "인공강우 실험은 미세먼지 문제의 근본적인 해결 방안이 될 수 없다."라고 지적했다.

인공강우의 부작용도 고려해야 한다. 자연적으로는 구름이 이동하면서 비를 내리는데 특정 지역에서 구름의 수분을 인위적으로 다 써버리면 다른 지역에 비가 덜 내리게 된다. 또 대기 질 개선을 위해 대량으로 요오드화은을 살포할 경우 떨어진 비가 토양을 오염시키거나 생태계에 악영향을 줄 수도 있다.

국립기상과학원 관계자는 "해외에서 인공강우의 주목적은 비를 내릴 수 있는 구름이 있을 때 강우량을 늘리는 데 있다."라고 설명했다. A 교수는 "주류 과학계에서는 오랜 기간에 걸쳐 가뭄 해소를 위해 인공강우 연구를 해왔지만 그 효과에 대해 회의적인 결론을 내렸다."라며 "마치 인공강우가 미세먼지를 해결해 줄 수 있는 것처럼 홍보하는 것은 바람직하지 않다."라고 말했다.

〈보기〉
㉠ 최초의 인공강우 실험은 항공기로 구름에 요오드화은(AgI)이나 드라이아이스(CO_2) 입자를 살포하는 방법을 사용하였다.
㉡ 국립기상과학원의 인공강우 실험이 성공하였을 때 내린 비의 양은 $0.1 \sim 1mm$ 정도였을 것이다.
㉢ 미세먼지 문제를 해결하기 위해서는 대기오염물질의 배출량을 줄여야 한다.
㉣ 주류 과학계에서는 미세먼지 해소를 위해 장기간 인공강우 연구를 해왔으나, 효과가 미미하다는 결론을 도출하였다.

① ㉠㉡
② ㉠㉡㉢
③ ㉠㉡㉣
④ ㉢㉣

해설 ㉠ 인공강우의 경우 항공기로 구름에 요오드화은(AgI)이나 드라이아이스(CO_2) 입자를 살포하는 방법이 가장 일반적이라고 제시되어 있지만 이 글을 통해 최초의 인공강우 실험을 어떤 방식으로 무엇을 가지고 했는지는 알 수 없다. (×)

㉡ 0.1~1mm는 시간당 강우량으로, 인공강우 실험이 성공했을 때 얼마나 비가 왔는지는 알 수 없다. (×)

㉢ 대기오염물질의 배출량을 근본적으로 줄이지 않으면, 비가 온 뒤 잠깐 깨끗해질 순 있어도 곧 미세먼지는 다시 생성될 것이라는 내용을 통해 추론할 수 있다. (○)

㉣ 주류 과학계에서는 오랜 기간에 걸쳐 가뭄 해소를 위해 인공강우 연구를 해왔다는 내용을 통해 미세먼지 해소를 위해서 연구한 것이 아님을 알 수 있다. (×)

41 다음 〈보기〉 중 글에서 설명하는 불행에 해당하는 것을 모두 고른 것은?

> 불행이란 사물의 결핍 상태에서 오는 것이 아니라, 결핍감을 느끼게 하는 욕구에서 온다. 현실세계에는 한계가 있지만 상상의 세계는 한계가 없다. 현실세계를 확대시킬 수는 없는 일이므로 상상의 세계를 제한할 수밖에 없다. 왜냐하면 우리를 진정으로 불행하게 하는 모든 고통은 오로지 이 두 세계의 차이에서만 생겨나는 것이기 때문이다. 체력과 건강과 스스로가 선한 사람이라는 확신을 제외한 그 밖의 인간 생활의 모든 행복은 모두 사람들의 억측에 불과한 것이다. 신체의 고통과 양심의 가책을 제외한 그 밖의 모든 불행은 공상적인 것이다.

> 〈보기〉
> ㉠ 민주는 어제까지 신입사원이 된 자신의 모습을 상상하며 즐거워했지만 오늘 아침 면접탈락 소식을 들었다.
> ㉡ 상식이는 매주 일확천금의 꿈을 꾸며 복권을 사지만 번번이 꽝이었다.
> ㉢ 크게 성공할 것만 같았던 프로젝트가 협력사의 부도로 좌절되었다.

① ㉠

② ㉠㉡

③ ㉠㉢

④ ㉠㉡㉢

해설 〈보기〉의 ㉠, ㉡, ㉢ 세 가지 사례 모두 상상의 세계와 현실의 세계의 차이로 인해 생겨나는 불행에 해당된다.

출제예상문제

1 다음 표와 설명을 참고할 때, '부채'가 가장 많은 기업부터 순서대로 올바르게 나열된 것은 어느 것인가?

<A~D기업의 재무 현황>

(단위: 억 원, %)

	A기업	B기업	C기업	D기업
유동자산	13	15	22	20
유동부채	10	12	20	16
순운전자본비율	10	8.6	5.6	9.5
타인자본	10	20	12	14
부채비율	90	140	84	88

* 순운전자본비율=(유동자산-유동부채)÷총 자본×100

* 부채비율=부채÷자기자본×100

* 총 자본=자기자본+타인자본

① D기업 - B기업 - C기업 - A기업

② B기업 - D기업 - C기업 - A기업

③ D기업 - B기업 - A기업 - C기업

④ A기업 - B기업 - C기업 - D기업

✔ 해설 부채를 알기 위해서는 자기자본을 알아야 하며, 타인자본이 제시되어 있으므로 자기자본을 알기 위해서는 총 자본을 알아야 한다. 또한 순운전자본비율이 제시되어 있으므로 유동자산, 유동부채를 이용하여 총 자본을 계산해 볼 수 있다. 따라서 이를 계산하여 정리하면 다음과 같은 표로 정리될 수 있다.(단, 소수점 첫째 자리에서 반올림한다)

(단위: 억 원, %)

	A기업	B기업	C기업	D기업
자기자본	20	15	24	28
총 자본	30	35	36	42
부채비율	90	140	84	88
부채	18	21	20	25

따라서 부채가 많은 기업은 D기업 – B기업 – C기업 – A기업의 순이 된다.

2 다음은 국립공원 중 일부의 면적 현황에 관한 자료이다. 이에 대한 설명으로 옳지 않은 것은?

(단위 : km^2)

구분	2015년	2016년	2017년	2018년	2019~2022년
지리산	471,758	471,758	471,625	483,022	483,022
계룡산	64,683	64,683	64,602	65,335	65,335
한려해상	545,627	545,627	544,958	535,676	535,676
속리산	274,541	274,541	274,449	274,766	274,766
내장산	81,715	81,715	81,452	80,708	80,708
가야산	77,074	77,074	77,063	76,256	76,256
덕유산	231,650	231,650	231,649	229,430	229,430
북한산	79,916	79,916	79,789	76,922	76,922
월악산	287,977	287,977	287,777	287,571	287,571
소백산	322,383	322,383	322,051	322,011	322,011

① 2018년 이후로는 모든 국립공원이 동일한 면적을 유지하고 있다.
② 면적의 감소 여부와 상관없이 가장 면적이 넓은 국립공원은 한려해상 국립공원이다.
③ 2017년부터 2018년 사이 면적이 늘어난 국립공원은 총 4개이다.
④ 2015년 덕유산 국립공원의 면적은 같은 해 계룡산 국립공원 면적의 3배 이상이다.

✔해설 ③ 2017년부터 2018년 사이 면적이 늘어난 국립공원은 지리산, 계룡산, 속리산 총 3개이다.

Answer 1.① 2.③

3 A, B, C 직업을 가진 부모 세대 각각 200명, 300명, 400명을 대상으로 자녀도 동일 직업을 갖는지 여부를 물은 설문조사 결과가 다음과 같았다. 다음 조사 결과의 해석이 바르지 않은 것은?

〈세대 간의 직업 이전 비율〉

(단위: %)

부모 직업 \ 자녀 직업	A	B	C	기타
A	35	20	40	5
B	25	25	35	15
C	25	40	25	10

* 모든 자녀의 수는 부모 당 1명으로 가정한다.

① 부모와 동일한 직업을 갖는 자녀의 수는 C직업이 A직업보다 많다.

② 부모의 직업과 다른 직업을 갖는 자녀의 비중은 B와 C직업이 동일하다.

③ 응답자의 자녀 중 A직업을 가진 사람은 B직업을 가진 사람보다 더 많다.

④ 기타 직업을 가진 자녀의 수는 B직업을 가진 부모가 가장 많다.

✔해설 ③ A직업을 가진 자녀는 70+75+100=245명이며, B직업을 가진 자녀는 40+75+160= 275명이다.

① A직업의 경우는 200명 중 35%이므로 200×0.35=70명이, C직업의 경우는 400명 중 25%이므로 400×0.25=100명이 부모와 동일한 직업을 갖는 자녀의 수가 된다.

② B와 C직업 모두 75%로 동일함을 알 수 있다.

④ 기타 직업을 가진 자녀의 수는 각각 200×0.05=10명, 300×0.15=45명, 400×0.1= 40명으로 B직업을 가진 부모가 가장 많다.

4 월별 금융비용을 나타낸 다음 자료를 참고할 때, 전월 대비 금융비용 증가율이 가장 큰 시기와 작은 시기는 각각 언제인가?

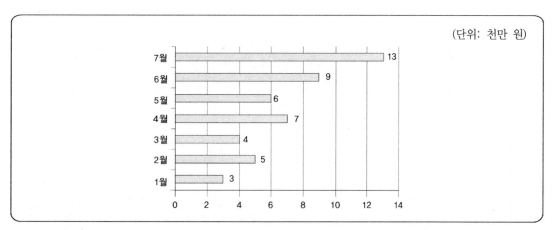

① 4월, 6월

② 4월, 7월

③ 2월, 6월

④ 2월, 4월

✅ **해설** 증감률이 아닌 증가율을 묻고 있으므로 전월 대비 금융비용이 감소한 3월과 5월을 제외한 나머지 시기의 증가율을 구해 보면 다음과 같다. A에서 B로 변동된 수치의 증가율은 $(B-A) \div A \times 100$의 산식으로 계산할 수 있다.

	2월	4월	6월	7월
증가율	66.7%	75%	50%	44.4%

따라서 증가율이 가장 큰 시기와 작은 시기는 각각 4월과 7월이 된다.

5 다음은 영업팀의 갑, 을, 병, 정 네 명의 직원에 대한 업무평가 현황과 그에 따른 성과급 지급 기준이다. 갑, 을, 병, 정의 총 성과급 금액의 합은 얼마인가?

〈업무평가 항목별 득점 현황〉

구분	갑	을	병	정
성실도	7	8	9	8
근무태도	6	8	9	9
업무실적	8	8	10	9

* 가중치 부여: 성실도 30%, 근무태도 30%, 업무실적 40%를 반영함.

〈성과급 지급 기준〉

업무평가 득점	등급	등급별 성과급 지급액
9.5 이상	A	50만 원
9.0 이상~9.5 미만	B	45만 원
8.0 이상~9.0 미만	C	40만 원
7.0 이상~8.0 미만	D	30만 원
7.0 미만	E	20만 원

① 155만 원

② 160만 원

③ 165만 원

④ 170만 원

✔해설 네 명의 업무평가 득점과 성과급을 표로 정리하면 다음과 같다.

	갑	을	병	정
득점	7×0.3+6×0.3+ 8×0.4=7.1	8×0.3+8×0.3+ 8×0.4=8.0	9×0.3+9×0.3+ 10×0.4=9.4	8×0.3+9×0.3+ 9×0.4=8.7
등급	D	C	B	C
성과급	30만 원	40만 원	45만 원	40만 원

따라서 총 성과급 금액의 합은 30+40+45+40=155만 원이 된다.

6 다음은 지역별 남녀의 기대수명 차이를 나타내는 자료이다. 이에 대한 설명으로 올바르지 않은 것은 어느 것인가?

(단위: 년)

시도	2019년				2022년			
	전체	남자	여자	남녀차이	전체	남자	여자	남녀차이
전국	81.8	78.6	85.0	6.4	82.7	79.7	85.7	6.0
서울	83.0	80.1	85.8	5.7	84.1	81.2	87.0	5.8
부산	81.0	77.9	84.1	6.2	81.9	78.9	84.9	6.0
대구	81.4	78.4	84.3	5.9	82.2	79.2	85.1	5.9
인천	81.4	78.3	84.5	6.2	82.4	79.3	85.6	6.3
광주	81.4	78.3	84.4	6.1	82.0	79.3	84.8	5.5
대전	82.0	79.2	84.8	5.6	82.9	80.5	85.4	4.9
울산	80.7	78.2	83.2	5.0	82.0	79.1	84.9	5.8
세종	81.3	77.7	84.8	7.1	83.0	80.0	86.1	6.1
경기	82.2	79.2	85.2	6.0	83.1	80.4	85.7	5.3
강원	80.9	77.2	84.6	7.4	82.0	78.4	85.7	7.3
충북	81.2	77.6	84.8	7.2	81.9	78.8	84.9	6.1
충남	81.3	77.8	84.9	7.1	82.2	78.9	85.6	6.7
전북	81.4	77.8	85.0	7.2	82.3	79.0	85.5	6.5
전남	81.2	77.1	85.3	8.2	82.0	78.4	85.6	7.2
경북	81.1	77.6	84.7	7.1	82.0	78.6	85.5	6.9
경남	80.9	77.3	84.5	7.2	81.9	78.6	85.2	6.6
제주	82.1	78.3	85.9	7.6	82.7	78.7	86.7	8.0

① 남자는 세종 지역, 여자는 울산 지역이 이전 시기 대비 기대수명 증가가 가장 크다.

② 기대수명은 모든 지역에서 남녀 모두 이전 시기보다 더 증가하였다.

③ 2022년 남자의 기대수명 상위 3개 지역은 서울, 대전, 경기이다.

④ 2019년 여자의 기대수명 하위 3개 지역은 2022년에도 동일하다.

✔해설 2019년의 하위 3개 지역은 부산 84.1년, 대구 84.3년, 울산 83.2년이었으나, 2022년에는 광주 84.8년과 부산, 울산, 충북이 모두 84.9년으로 가장 기대수명이 짧은 4개 지역이 된다.
① 남자는 2.3년이 늘어난 세종 지역이, 여자는 1.7년이 늘어난 울산 지역이 이전 시기보다 가장 크게 기대수명이 늘어난 지역이다.
② 남녀와 전체의 기대수명은 모든 지역에서 이전 시기보다 더 증가하였다.
③ 서울 81.2년, 대전 80.5년, 경기 80.4년으로 상위 3개 지역이 된다.

Answer   5.①   6.④

| 7~8 | 다음은 해외여행 상품의 비용에 관한 자료이다. 다음 질문에 답하시오.

여행지	일정	1인당 요금	할인 조건
스위스	7일	280만 원	1. 주중 출발 20% 할인(단, 주중 월~목 출발)
괌	10일	420만 원	2. 사전 예약 할인 (1) 3개월 전 예약 20% 할인
푸켓	5일	160만 원	(2) 2개월 전 예약 10% 할인 (3) 1개월 전 예약 5% 할인
세부	6일	210만 원	3. 미성년자 : 성인 요금의 80% 할인 4. 만 65세 이상 : 여행 요금의 10% 할인(단, 주중 출발에는 적용되지 않음)

7 어느 노부부가 결혼 50주년 여행을 가려고 모아 둔 300만 원을 가지고 한 달 뒤인 6월 12일(월)에 여행을 간다고 했을 때, 가능한 여행지를 고르면? (단, 2명 모두 70세 이상이다)

① 스위스   ② 괌

③ 푸켓   ④ 세부

✔ **해설** 주중 출발 할인 20%와 1개월 전 예약 할인 5%를 받을 수 있다.

여행지	2인 요금	할인된 요금
스위스	560만 원	$560 \times 0.75 = 420$(만 원)
괌	840만 원	$840 \times 0.75 = 630$(만 원)
푸켓	320만 원	$320 \times 0.75 = 240$(만 원)
세부	420만 원	$420 \times 0.75 = 315$(만 원)

8 다음 주 토요일에 가족 여행을 떠나려고 계획하고 있다. 어머니(55세), 아버지(50세), 나(27세), 동생(초등학생) 4명이서 해외여행을 가려고 할 때, 하루당 비용이 두 번째로 비싼 여행지는? (단, 예약은 지금 바로 하는 것을 기준으로 한다)

① 스위스   ② 괌

③ 푸켓   ④ 세부

 해설

여행지	성인 하루당 비용	미성년자 하루당 비용	가족 전체 하루당 비용
스위스	40만 원	8만 원	$40 \times 3 + 8 = 128$
괌	42만 원	8.4만 원	$42 \times 3 + 8.4 = 134.4$
푸켓	32만 원	6.4만 원	$32 \times 3 + 6.4 = 102.4$
세부	35만 원	7만 원	$35 \times 3 + 7 = 112$

9 다음은 가구 월평균 가계지출액과 오락문화비를 나타낸 자료이다. 이에 대한 설명으로 옳지 않은 것은?

〈가구 월평균 가계지출액과 오락문화비〉

(단위 : 원)

	2018	2019	2020	2021	2022
가계지출액	2,901,814	2,886,649	2,857,967	3,316,143	3,326,764
오락문화비	126,351	128,260	129,494	174,693	191,772

※ 문화여가지출률 = (가구 월평균 오락문화비 ÷ 가구 월평균 가계지출액) × 100

① 2019년 가계지출액 대비 오락문화비는 4.5%에 미치지 않는다.

② 문화여가지출률은 2022년에 가장 높다.

③ 2021년 오락문화비는 전년보다 45,000원 증가했다.

④ 2019년과 2020년에는 전년대비 가계지출액이 감소했다.

✔ **해설** ③ 2021년 오락문화비는 174,693원, 2020년 오락문화비는 129,494원이므로 2021년 오락문화비는 전년보다 $174,693 - 129,494 = 45,199(원)$ 증가했다.

① 2019년 가계지출액 대비 오락문화비는 4.44%로 4.5%에 미치지 않는다.

② 2018년부터 2022년의 문화여가지출률은 다음과 같다.

	2018	2019	2020	2021	2022
문화여가지출률	4.35	4.44	4.53	5.27	5.76

④ 2019년(2,886,649) → 2020년(2,857,967)로 전년대비 가계지출액이 감소하였음을 알 수 있다.

Answer   7.③   8.①   9.③

10 다음 자료를 올바르게 설명하지 못한 것은 어느 것인가?

(단위: 억 불)

		2018	2019	2020	2021	2022
수출	전체	5,525	5,647	5,192	4,861	5,644
	제조업	4,751	4,839	4,473	4,186	4,819
	서비스업	774	808	719	675	825
	도소매	661	677	586	550	692
	중소기업	1,021	1,042	904	915	1,002
	제조업	633	642	547	556	618
	서비스업	388	400	357	359	384
	도소매	357	364	322	325	344
수입	전체	4,612	4,728	3,998	3,762	4,413
	제조업	3,535	3,562	2,798	2,572	3,082
	서비스업	1,077	1,166	1,200	1,190	1,331
	도소매	933	996	998	1,005	1,126
	중소기업	1,084	1,151	1,007	1,039	1,177
	제조업	455	460	364	367	416
	서비스업	629	691	643	672	761
	도소매	571	623	568	597	669

* 무역수지는 수출액에서 수입액을 뺀 수치가 +이면 흑자, −이면 적자를 의미함.

① 중소기업의 제조업 무역수지는 매년 100억 불 이상의 흑자를 나타내고 있다.

② 전체 제조업 수출에서 중소기업의 수출이 차지하는 비중이 가장 낮은 시기는 2020년이 가장 낮다.

③ 전체 수출액 중 도소매업의 구성비는 2020년과 2021년이 모두 11.3%이다.

④ 중소기업의 전년대비 서비스업 수입액 증감률은 2020년이 −20.9로 가장 크다.

> ✔해설 2020년 서비스업의 수입액 증감률은 −6.9%로 2022년의 13.2%, 2019년의 9.9%에 이어 세 번째로 크다.
> ① 연도별로 매년 178억 불, 182억 불, 183억 불, 189억 불, 202억 불로 매년 100억 불 이상의 흑자를 보이고 있다.
> ② 2020년이 17.4%로 가장 낮은 비중을 보이고 있다.
> ③ 두 해 모두 11.3%의 가장 낮은 구성 비율을 보이고 있다.

11 다음 자료를 통하여 알 수 있는 사실이 아닌 것은?

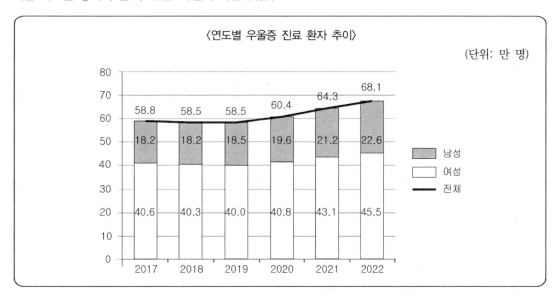

〈연도별 우울증 진료 환자 추이〉

(단위: 만 명)

① 2019년 이후 남녀 전체의 우울증 진료 환자의 수는 매년 증가하고 있다.

② 전체 우울증 진료 환자에서 여성이 차지하는 비중은 매년 감소하고 있다.

③ 전체 우울증 진료 환자에서 남성이 차지하는 비중은 2021년이 가장 높다.

④ 전년 대비 전체 우울증 진료 환자의 증가율은 2021년이 2022년보다 더 높다.

✔해설 ③ 2021년은 21.2÷64.3×100=33.0%이나, 2022년은 22.6÷68.1×100=33.2%로 남성의 비중이 가장 높은 해는 2022년 이다.

① 남녀 전체의 우울증 진료 환자의 수는 2019년부터 58.5→60.4→64.3→68.1(만 명)으로 매년 증가하고 있다.

② 69.0%→68.9%→68.4%→67.5%→67.0%→66.8%로 매년 감소하였다.

③ 2021년의 증가율은 (64.3−60.4)÷60.4×100=약 6.5%이며, 2022년의 증가율은 (68.1−64.3)÷64.3×100=약 5.9%이다.

12 다음은 아침식사 결식률 추이를 나타낸 자료이다. 다음 자료에 대한 설명으로 옳지 않은 것은?

〈아침식사 결식률 추이〉

(단위 : 명, %)

	응답자수	아침식사 결식률
1~9세	812	8.7
10~19세	634	31.1
20~29세	653	52.0
30~39세	845	37.1
40~49세	1,028	26.7
50~59세	1,116	14.7
60~69세	1,036	9.3
70세이상	1,043	4.1

① 아침식사 결식률은 30대가 10대보다 높다.

② 응답자수가 가장 많은 연령대는 50대이다.

③ 아침식사를 하지 않는다고 답한 응답자수가 100명을 넘지 않는 연령대는 총 3개다.

④ 아침식사를 하지 않는다고 답한 응답자수는 40대보다 10대가 더 많다.

✔해설 ④ 아침식사를 하지 않는다고 답한 응답자수는 10대가 634×31.1% = 197.174(명)으로 약 197명이고 40대가 1,028×26.7% = 274.476(명)으로 약 274명이다. 그러므로 아침식사를 하지 않는다고 답한 응답자수는 10대보다 40대가 더 많다.
① 아침식사 결식률은 30대가 37.1%, 10대가 31.1%로 30대가 더 높다.
② 응답자수가 가장 많은 연령대는 1,116명인 50대이다.
③ 아침식사를 하지 않는다고 답한 응답자수가 100명을 넘지 않는 연령대는 1~9세가 812×8.7% = 70.644(명)으로 약 71명, 60대가 1,036×9.3% = 96.348(명)으로 약 96명, 70세 이상이 1,043×4.1% = 42.763(명)으로 약 43명으로 총 3집단이 100명을 넘지 않는다.

13 다음은 대중교통 이용자 중 주요도시별 1주간 평균 대중교통 이용횟수를 조사한 자료이다. 이를 바르게 해석한 것은?

<주요도시별 1주간 평균 대중교통 이용횟수>

(단위 : %)

	1회~5회	6회~10회	11회~15회	16회~20회	21회 이상
서울	27.2	38.1	18.8	7.5	8.5
부산	33.5	37.7	17.7	6.3	4.9
인천	38.8	36.4	13.5	5.1	6.3
대구	37.5	37.7	14.7	5.2	4.9
광주	39.0	40.7	14.0	3.9	2.4
대전	43.7	33.4	14.5	3.5	4.9

① 모든 지역에서 1주간 평균 6~10회 이용한 사람이 가장 많다.

② 대구, 광주, 대전에서 1주간 평균 11~15회 이용하는 사람이 1,000명 이상 차이나지 않는다.

③ 1주 동안 21회 이상 대중교통을 이용하는 사람의 비중이 가장 큰 곳은 서울이다.

④ 서울에서 1주간 대중교통을 16회 이상 사용하는 사람이 11회~15회 사용하는 사람보다 많다.

> ✔해설 ③ 1주 동안 21회 이상 대중교통을 이용하는 사람의 비중이 가장 큰 곳은 8.5%로 서울이다.
> ① 인천과 대전에서는 1주간 평균 1~5회 이용한 사람이 가장 많다.
> ② 각 지역의 조사 인원을 알 수 없으므로 해당 보기의 내용은 알 수 없다.
> ④ 서울에서 1주간 대중교통을 16회 이상 이용하는 사람은 16.0%이고 11회~15회 이용하는 사람은 18.8%이다.

┃14~15┃ 다음은 게임 산업 수출액에 대한 자료이다. 물음에 답하시오.

〈연도별 게임 산업 수출액〉

(단위 : 천$)

	2020	2021	2022
수출액	3,214,627	3,277,346	5,922,998

〈게임 산업 지역별 수출액 비중〉

(단위 : %)

	2020	2021	2022
중화권	–	–	57.6
일본	21.5	18.3	13.9
동남아시아	11.2	11.7	12.7
북미	17.2	10.9	6.9
유럽	10.8	10.3	4.6
기 타	6.4	6.7	b
중국	a	42.1	–

14 다음 중 위 자료에 대한 해석으로 옳지 않은 것은?

① 2021년 북미의 수출액은 3억$를 넘는다.

② 일본의 수출액은 매년 감소하고 있다.

③ 게임 산업 수출액은 매년 상승추이를 보이며 특히 2022년 급격히 상승했다.

④ 북미는 게임 산업 수출액 비중이 매년 4위 이상에 올라있다.

② 일본의 수출액은 2020년 (약)691,144 → (약)599,754 → (약)823,296천$로 2022년에 가장 많다.

① 2021년 북미의 수출액은 3,277,346의 10.9%이므로 357,230천달러로 3억 달러를 넘는다.

③ 게임 산업 수출액은 3,214,627 → 3,277,346 → 5,922,998(천$)로 증가하고 있으며 특히 2022년에 급증했다.

④ 게임 산업 지역별 수출액 비중에서 북미는 2020년에는 3위, 2021년에는 4위, 2022년에는 4위로 매년 4위 이상을 차지하고 있다.

15 위 표에서 $\dfrac{a}{b}$ 는?(단, 소수점 둘째 자리에서 반올림한다.)

① 7.5

② 7.7

③ 8.1

④ 8.4

매년 총 비중은 100%가 되므로 $a = 100 - (21.5 + 11.2 + 17.2 + 10.8 + 6.4) = 32.9$이고

$b = 100 - (57.6 + 13.9 + 12.7 + 6.9 + 4.6) = 4.3$이다. 그러므로 $\dfrac{a}{b} = \dfrac{32.9}{4.3} = 7.7$이다.

Answer   14.②   15.②

16 다음은 자동차등록대수에 관한 자료이다. 이에 대한 설명으로 옳은 것은?

〈연도별 자동차등록대수〉

(단위 : 대)

지표	2019	2020	2021	2022
자동차등록대수	20,989,885	21,803,351	22,528,295	㉠

※자동차등록대수 = 승용차 + 승합차 + 화물차 + 특수차

〈2022년 자동차등록대수 현황〉

(단위 : 대)

	계	관용	자가용	영업용
승용	18,676,924	32,819	17,663,188	980,917
승합	843,794	22,540	696,898	124,356
화물	3,590,939	31,957	3,152,275	406,707
특수	90,898	2,784	27,212	60,902

① 등록된 자동차중 매년 승합차의 비중이 가장 높다.

② 연도별 자동차등록대수는 2020년부터 감소 추이를 보인다.

③ 2022년에 등록된 화물차 중에서 영업용 화물차의 비율은 10% 이상이다.

④ 2022년의 자동차등록대수는 23,402,555대다.

✔해설 ③ 2022년에 등록된 화물차 중에서 영업용의 비율은 $406,707 \div 3,590,939 \times 100 = 11.3\%$로 10% 이상이다.

① 등록된 자동차중 매년 승합차의 비중은 위 자료를 통해 알 수 없다.

② 2020년에서 2021년에는 $21,803,351 \rightarrow 22,528,295$로 자동차등록대수가 증가하였다.

④ 2022년의 자동차등록대수는 $18,676,924 + 843,794 + 3,590,939 + 90,898 = 23,202,555$(대)이다.

17 다음은 연도별 학생 수와 학생 1인당 공교육비에 대한 자료이다. 이에 대한 해석으로 옳지 않은 것은?

〈학생 1인당 공교육비〉

(단위 : 달러)

학생 1인당 공교육비(달러)		2016	2017	2018	2019	2020	2021	2022
	초등교육	6,658	6,601	6,976	7,395	7,957	9,656	11,047
	중등교육	9,399	8,060	8,199	8,355	8,592	10,316	12,202
	고등교육	9,513	9,972	9,927	9,866	9,323	9,570	10,109

〈연도별 학생 수 현황〉

(단위 : 명)

	2016	2017	2018	2019	2020	2021	2022
초등학생	175,577	164,230	155,146	144,918	135,237	131,307	129,743
중등학생	98,685	97,491	93,999	91,614	89,128	85,118	77,581
고등학생	98,328	97,767	96,602	95,917	95,018	92,328	90,238

※ 학생 1인당 공교육비 = 총공교육지출액 ÷ 학생 수

① 2022년에 초등교육의 학생 1인당 공교육비가 최고치를 달성했다.
② 고등교육의 총공교육지출액이 매년 상승하고 있다.
③ 2016년 중학교와 고등학교의 학생 수가 가장 많다.
④ 학생 1인당 공교육비는 2020년까지 고등교육이 가장 많다.

✔ **해설** ② 총공교육지출액 = 학생 1인당 공교육비 × 학생 수이다. 2018년부터 고등교육의 총공교육지출액은 감소하고 있다.

18 다음은 국가지정 문화재 현황을 분석한 자료이다. 주어진 자료에 대한 해석으로 옳은 것은?

〈연도별 국가지정 문화재 현황〉

(단위 : 건)

	2018	2019	2020	2021	2022
계	3,583	3,622	3,877	3,940	3,999
국보	315	317	328	331	336
보물	1,813	1,842	2,060	2,107	2,146
사적	488	491	495	500	505
명승	109	109	109	110	112
천연기념물	454	455	456	457	459
국가무형문화재	120	122	135	138	142
국가민속문화재	284	286	294	297	299

〈2022년 행정구역별 국가지정 문화재 현황〉

	서울	경기·인천	강원	전라	충청	경상	제주	기타
계	1,021	365	191	609	463	1,172	86	92
국보	163	12	11	31	42	77	0	0
보물	706	190	81	291	239	630	9	0
사적	67	87	18	86	70	170	7	0
명승	3	5	25	28	13	29	9	0
천연기념물	12	33	42	95	43	123	49	62
국가무형문화재	29	16	3	24	8	28	4	30
국가민속문화재	41	22	11	54	48	115	8	0

① 2022년 수도권에서 가장 많은 문화재를 보유하고 있다.

② 2022년 전라지역의 보물 보유량은 전국 20%를 웃돈다.

③ 국가지정 문화재 중 사적이 차지하는 비중은 매년 상승하고 있다.

④ 2018년부터 2020년까지 명승에 대한 문화재 지정이 활발하게 이루어졌다.

✓ 해설 ① 수도권 서울, 경기·인천 지역은 1,386건으로 가장 많은 지정 문화재를 보유하고 있다.

② 2022년 보물 국가지정 문화재는 총 2,146건이며 전라 지역의 보물은 291건이므로 291÷2,146×100 = 13.6%이다.

③ 국가지정 문화재 중 사적이 차지하는 비중은 다음과 같다.

2018	2019	2020	2021	2022
13.6%	13.6%	12.8%	12.7%	12.6%

국가지정 문화재 중 사적이 차지하는 비중은 2018년 13.6%에서 2022년 12.6%로 오히려 줄었다는 것을 알 수 있다.

④ 2018년부터 2020년까지 국가지정 문화재 중 명승의 수는 증가하지 않았으므로 추가적인 지정은 이루어지지 않았음을 알 수 있다.

│19~20│ 다음은 스마트기기를 활용한 여가활동을 조사한 자료이다. 물음에 답하시오.

〈가구소득별 스마트기기를 활용한 여가활동〉

가구소득 \ 여가활동	인터넷	모바일 메신저	SNS	게임	TV시청	쇼핑	음악감상	인터넷방송	드라마/영화보기
100만 원(미만)	22.3	24.9	17.1	10.4	5.4	1.5	4.9	4.7	1.9
100~200만 원	26.3	28.9	10.7	10.9	7.4	1.5	5.5	1.7	2.2
200~300만 원	31.8	19.2	14.8	13.1	4.6	4.3	4.2	1.7	2.9
300~400만 원	33	18.6	14.7	16.7	3.4	2.7	3.6	1.9	1.9
400~500만 원	31.9	16.8	14.8	14.8	4.6	4.1	2.6	2.9	2.6
500~600만 원	34.5	16.4	14.6	13.4	3.8	3.8	4.5	2.5	2.3
600만 원 이상	26.2	14.6	15	12.3	4.9	6.3	4	4.7	4.7

〈지역규모별 스마트기기를 활용한 여가 활동〉

지역규모 \ 여가활동	인터넷	모바일 메신저	SNS	게임	TV 시청	쇼핑	음악 감상	인터넷 방송	드라마/영화보기
대도시	29.4	20.6	15.8	13.3	4.8	3.5	3.2	1.9	3.6
중소도시	31	15.1	13.3	15	4.9	4.9	4.3	3.8	2.4
읍면지역	37	17.4	14.6	14.3	2	2.6	4	2.3	0.9

19 다음 중 제시된 자료를 잘못 해석한 것은?

① 지역규모에 상관없이 인터넷 사용률이 가장 높다.

② 가구소득이 400~500만 원 미만인 집단에서 14% 이상을 차지하는 여가활동은 4가지다.

③ 각 지역규모별 조사 인원이 동일하다면 스마트기기로 게임을 하는 사람의 수는 중소도시에 가장 많다.

④ 가구소득이 100만 원 미만인 경우와 300~400만 원 미만인 경우의 두 집단에서 스마트기기로 드라마/영화를 보는 사람의 수는 서로 같다.

✔ 해설 ④ 가구소득별 인구를 알 수 없으므로 비율이 같다는 것으로 사람 수가 같다고 할 수 없다.

① 지역규모에 상관없이 스마트 기기를 활용하여 인터넷을 하는 사람의 비중이 가장 높다.

② 가구소득이 400~500만 원 미만인 집단에서 14%이상을 차지하는 여가활동은 인터넷(31.9), 모바일 메신저(16.8), SNS(14.8), 게임(14.8) 4가지다.

③ 각 지역규모별 조사 인원이 동일할 때 스마트기기로 게임을 하는 사람은 대도시(13.3), 중소도시(15), 읍면지역(14.3)으로 중소도시가 가장 많다.

20 가구소득이 600만 원 이상인 집단의 조사 인원이 25,000명이면, 이 집단의 모바일 메신저 활동을 즐기는 사람의 수는?

① 2,860명

② 3,400명

③ 3,650명

④ 3,830명

✔ 해설 가구소득이 600만 원 이상인 집단의 조사 인원이 25,000명이고 모바일 메신저 활동을 즐기는 사람은 14.6%이므로 $25000 \times 14.6\% = 3,650(명)$이다.

21 다음은 성별 및 연령집단별 평일과 휴일 여가시간을 나타낸 자료이다. 이에 대한 설명으로 옳지 않은 것은?

〈평일과 휴일 여가시간〉

(단위 : 시간)

		요일평균				평일				휴일			
		2016	2018	2020	2022	2016	2018	2020	2022	2016	2018	2020	2022
전체		3.8	4.2	3.6	3.9	3.3	3.6	3.1	3.3	5.1	5.8	5	5.3
성	남자	3.7	4	3.5	3.7	3.1	3.3	2.9	3.1	5.2	5.8	5.1	5.3
	여자	3.9	4.3	3.8	3.9	3.5	3.8	3.3	3.4	5	5.7	4.9	5.2
연령 집단	10대	3.2	3.8	3.4	3.5	2.6	3.1	2.7	2.8	4.8	5.6	5.1	5.1
	20대	3.8	4.1	3.6	3.9	3.1	3.3	2.9	3.2	5.6	6.1	5.3	5.7
	30대	3.4	3.8	3.4	3.4	2.8	3.1	2.8	2.8	4.8	5.5	4.8	5
	40대	3.5	3.9	3.3	3.5	3	3.2	2.8	2.9	4.9	5.6	4.7	5
	50대	3.5	4.1	3.4	3.6	3	3.5	2.9	3	4.8	5.6	4.8	5.1
	60대	4.4	4.8	4	4.1	4.1	4.3	3.6	3.6	5.2	5.9	5.1	5.4
	70대 이상	6.1	5.6	5	5.1	5.9	5.3	4.7	4.8	6.5	6.5	5.7	5.8

※ 요일평균 여가시간 = {(평일 여가시간 × 5일) + (휴일 여가시간 × 2일)} ÷ 7일

① 10대의 휴일 여가시간은 2016년에 가장 적었다.

② 2022년도 여자의 요일평균 여가시간은 2016년도 남자의 요일평균 여가시간보다 많다.

③ 20대의 평일 여가시간은 항상 3시간 이상이었다.

④ 2020년에 70대 이상의 평일 여가시간이 가장 많았다.

✔해설 ③ 20대의 평일 여가시간은 2020년 2.9시간이었다.
① 10대의 휴일 여가시간은 4.8시간으로 2016년에 가장 적었다.
② 2022년도 여자의 요일평균 여가시간은 요일평균 여가시간 = {(3.4 × 5일) + (5.2 × 2일)} ÷ 7일 = 3.9 2016년도 남자의 요일평균 여가시간은{(3.1 × 5일) + (5.2 × 2일)} ÷ 7일=3.7로 여성의 요일평균 여가시간이 더 많다.
④ 2020년에 70대 이상의 평일 여가시간이 4.7시간으로 가장 많았다.

22 다음은 계절별 평균 기온 변화 현황을 나타낸 자료이다. 이에 대한 해석으로 옳은 것을 모두 고른 것은?

〈계절별 평균 기온 변화 현황〉

(단위 : ℃)

	2014	2015	2016	2017	2018	2019	2020	2021	2022
년 평균	12.4		12.4	13.3	13.1	13.3	13.7	12.7	13.4
봄	10.8	11	12.2	11.6	13.1	12.7	13.2	13	13.1
여름	24.9	24	24.7	25.4	23.6	23.7	24.8	24.5	25.4
가을	14.5	15.3	13.7	14.6	14.9	15.2	15.1	14.2	13.8
겨울	-0.7	-0.4	-1	1.5	0.7	1.4	1.6	-0.8	1.3

(가) 2018년~2020년 겨울의 평균 기온이 상승추이를 보인다.
(나) 2015년의 년 평균기온은 12.475℃이다.
(다) 2016년 이후 년 평균기온이 계속 상승하고 있다.
(라) 여름 평균 기온 중 2017년과 2022년의 평균 기온이 가장 높다.

① (가), (나)
② (나), (다)
③ (가), (나), (다)
④ (가), (나), (라)

✔ **해설** (가) 2018년~2020년 겨울의 평균 기온은 0.7→1.4→1.6으로 상승추이를 보인다.(O)

(나) 2015년의 년 평균기온은 $\dfrac{11+24+15.3+(-0.4)}{4}=12.475$로 12.475℃이다.(O)

(라) 여름 평균 기온 중 2017년과 2022년의 평균 기온이 25.4℃로 가장 높다.(O)

(다) 2016년 이후 년 평균기온은 12.4→13.3→13.1→13.3→13.7→12.7→13.4로 계속 상승한다고 볼 수 없다.(X)

23 다음은 품목성질별 소비자물가지수에 관한 자료이다. 이에 대한 설명으로 옳지 않은 것은?

품목성질별	2022. 04	2022. 05	2022. 06	2022. 07	2022. 08	2022. 09
총지수	104.87	105.05	104.88	104.56	104.81	105.20
상품	102.40	102.75	102.40	101.41	101.66	103.26
농축수산물	112.93	111.54	109.36	107.82	109.54	114.74
공업제품	101.80	102.57	102.57	102.23	102.20	102.41
전기·수도·가스	88.62	88.62	88.62	83.41	83.54	89.97
서비스	106.90	106.94	106.91	107.16	107.40	106.77
집세	104.10	104.07	104.00	103.98	103.95	103.95
공공서비스	102.47	102.54	102.50	102.54	102.59	101.25
개인서비스	109.79	109.85	109.84	110.26	110.66	110.18

① 상품의 소비자물가지수는 꾸준히 증가했다.

② 총지수가 가장 높았던 때는 2022년 9월이다.

③ 2022년 8월에 개인서비스의 소비자물가지수가 가장 높았다.

④ 소비자물가지수가 가장 낮은 시기는 상품의 경우 2022년 7월이고 서비스의 경우 2022년 9월이다.

✔ 해설 ① 상품의 소비자물가지수는 2022년 6월, 7월에는 이전 달 대비 감소했다.
② 2022년 9월은 총지수가 105.20으로 가장 높다.
③ 2022년 8월에 개인서비스의 소비자물가지수가 110.66으로 가장 높다.
④ 소비자물가지수가 가장 낮은 시기는 상품의 경우 2022년 7월(101.41)이고 서비스의 경우 2022년 9월(106.77)이다.

│24∼25│ 다음은 종목별 자격시험 현황에 관한 자료이다. 물음에 답하시오.

〈종목별 자격시험 현황〉

(단위 : 명, %)

	필기접수	필기응시	필기합격	필기 합격률	실기접수	실기응시	실기합격
계	2,487,769	1,993,273	875,145	43.9	1,694,058	1,493,474	665,900
기술사	23,450	19,327	2,056	10.6	3,184	3,173	1,919
기능장	24,533	21,651	9,903	45.7	17,661	16,390	4,862
기사	476,572	345,833	135,170	39.1	247,097	210,000	89,380
산업기사	274,220	210,814	78,209	37.1	119,178	101,949	49,993
기능사	1,091,646	916,224	423,269	46.2	828,704	752,202	380,198

24 주어진 자료에 대한 설명으로 옳지 않은 것은?

① 기능사 필기응시 인원이 전체 필기응시 인원의 50%에 못 미친다.

② 필기 접수자 중 기사 자격시험의 접수자가 가장 많다.

③ 필기시험 접수자 중에서 필기 미응시 인원은 기능사가 가장 많다.

④ 필기응시 인원이 가장 적은 시험이 실기 미응시 인원도 가장 적다.

 ② 필기 접수자 중 기능사 자격시험의 접수자가 1,091,646명으로 가장 많다.

① 전체 필기 응시인원 대비 기능사 필기응시 인원은 916,224÷1,993,273×100=약 46%로 50%에 못 미친다.

③ 필기시험 접수자 중에서 필기 미응시 인원은 175,422명으로 기능사 자격시험이 가장 많다.

④ 필기응시 인원이 가장 적은 시험은 기술사 시험이며, 기술사 실기 시험의 미응시 인원은 11명으로 가장 적다.

25 다음 중 실기 합격률이 가장 높은 시험과 두 번째로 높은 시험을 순서대로 나열한 것은?(단 계산은 소수점 둘째자리에서 반올림한다)

① 기술사, 기능사

② 기능사, 산업기사

③ 기술사, 기사

④ 기능사, 기능장

> **✔해설** 실기합격률을 계산하면 다음과 같다.
> 기술사 : $1,919 \div 3,173 \times 100 = 60.5\%$
> 기능장 : $4,862 \div 16,390 \times 100 = 29.7\%$
> 기사 : $89,380 \div 210,000 \times 100 = 42.6\%$
> 산업기사 : $49,993 \div 101,949 \times 100 = 49.0\%$
> 기능사 : $380,198 \div 752,202 \times 100 = 50.5\%$
> 따라서, 기술사와 기능사의 실기합격률이 1, 2위이다.

26 다음은 2008~2010년 정보통신 기술분야 예산 신청금액과 확정금액에 대한 자료이다. 이를 바탕으로 작성한 그래프 중 옳지 않은 것은?

(단위 : 억 원)

연도 기술분야 \ 구분	2008		2009		2010	
	신청	확정	신청	확정	신청	확정
네트워크	1,179	1,112	1,098	1,082	1,524	950
이동통신	1,769	1,629	1,627	1,227	1,493	805
메모리반도체	652	478	723	409	746	371
방송장비	892	720	1,052	740	967	983
디스플레이	443	294	548	324	691	288
LED	602	217	602	356	584	256
차세대컴퓨팅	207	199	206	195	295	188
시스템반도체	233	146	319	185	463	183
RFID	226	125	276	145	348	133
3D 장비	115	54	113	62	136	149
전체	6,318	5,024	6,564	4,725	7,247	4,300

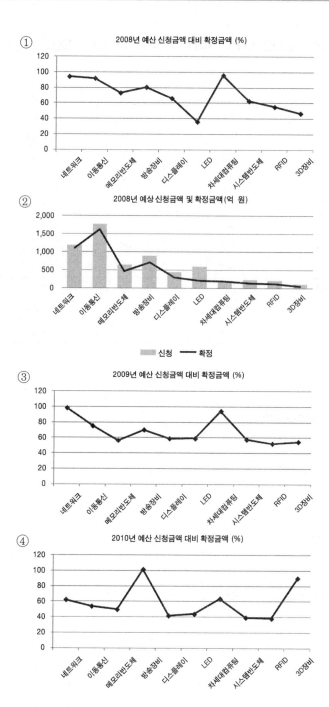

① **2008년 예산 신청금액 대비 확정금액 (%)**

② **2008년 예상 신청금액 및 확정금액(억 원)**

신청 ━━ 확정

③ **2009년 예산 신청금액 대비 확정금액 (%)**

④ **2010년 예산 신청금액 대비 확정금액 (%)**

✔ 해설 ④ 2010년 3D 장비 부문에서 확정금액이 신청금액보다 많으므로 100% 이상이어야 한다.

Answer 25.① 26.④

27 다음은 1921~1930년 우리나라의 대일무역 현황을 나타낸 자료이다. 이를 바탕으로 작성한 그래프 중 옳지 않은 것은?

연도	대일 수출액(천엔)	대일 수입액(천엔)	대일 무역총액(천엔)	대일 무역총액지수	국내총생산(천엔)
1921	197	156	353	100	1,299
1922	197	160	357	101	1,432
1923	241	167	408	116	1,435
1924	306	221	527	149	1,573
1925	317	234	551	156	1,632
1926	338	248	586	166	1,601
1927	330	269	599	170	1,606
1928	333	295	628	178	1,529
1929	309	315	624	177	1,483
1930	240	278	518	147	1,158

※ 대일무역총액지수 = $\dfrac{\text{당해년도 대일무역총액}}{\text{1921년 대일무역총액}} \times 100$

① 당해년도 국내총생산 대비 당해년도 대일무역총액 (%)

② 전년 대비 대일수출액 증감률 (%)

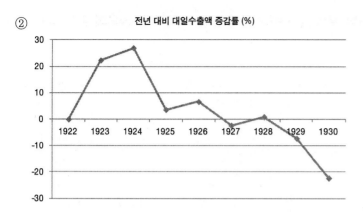

③ 연도별 대일무역수지 (대일수출액 - 대일수입액) (천엔)

④ 당해년도 국내총생산 대비 당해년도 대일수입액 (%)

✔ 해설 ④ 국내총생산 대비 당해년도 대일수입액

1921년 : $\dfrac{156}{1299} \times 100 \fallingdotseq 12.00(\%)$, 1922년 : $\dfrac{160}{1432} \times 100 \fallingdotseq 11.17(\%)$, …

┃28~29┃ 다음 자료는 2월 공항별 운항 및 수송현황에 관한 자료이다. 물음에 답하시오.

공항 ＼ 구분	운항편수(편)	여객수(천명)	화물량(톤)
인천	20,818	3,076	249,076
김포	11,924	1,836	21,512
김해	6,406	(㉠)	10,279
제주	11,204	1,820	21,137
청주	(㉡)	108	1,582
광주	944	129	1,290
대구	771	121	1,413
전체	52,822	7,924	306,289

28 위의 자료에 대한 설명으로 옳지 않은 것은?

① 김포공항의 여객수와 제주항공의 여객수의 합은 인천공항의 여객수보다 많다.

② 김포공항의 화물량은 김해공항의 화물량의 2배 이상이다.

③ 인천공항의 화물량은 전체 화물량의 80% 이상을 차지한다.

④ ㉡에 들어갈 수는 655이다.

✔ 해설 $52,822 - 20,818 - 11,924 - 6,406 - 11,204 - 944 - 771 = 755$

29 위의 자료에서 ㉠에 알맞은 수는?

① 830   ② 834

③ 838   ④ 842

✔ 해설 $7,924 - 3,076 - 1,836 - 1,820 - 108 - 129 - 121 = 834$

30 다음은 지하가 없는 동일한 바닥면적을 가진 건물들에 관한 사항이다. 이 중 층수가 가장 높은 건물은?

건물	대지면적	연면적	건폐율
A	400m^2	$1,200\text{m}^2$	50%
B	300m^2	840m^2	70%
C	300m^2	$1,260\text{m}^2$	60%
D	400m^2	$1,440\text{m}^2$	60%

※ 건축면적 $= \dfrac{건폐율 \times 대지면적}{100(\%)}$, 층수 $= \dfrac{연면적}{건축면적}$

① A

② B

③ C

④ D

✔ 해설

$$층수 = \frac{연면적}{건축면적} = \frac{연면적 \times 100(\%)}{건폐율 \times 대지면적}$$

㉠ A의 층수 : $\dfrac{1,200m^2 \times 100\%}{50\% \times 400m^2} = 6$층

㉡ B의 층수 : $\dfrac{840m^2 \times 100\%}{70\% \times 300m^2} = 4$층

㉢ C의 층수 : $\dfrac{1,260m^2 \times 100\%}{60\% \times 300m^2} = 7$층

㉣ D의 층수 : $\dfrac{1,440m^2 \times 100\%}{60\% \times 400m^2} = 6$층

31 다음 표는 A고교의 교내 동아리별 학생 수를 나타낸 것이다. 도서반의 전년대비 증가율이 2021년과 2022년이 같을 때, 2022년의 도서반 학생 수를 고르면? (단, 각 동아리는 고1, 고2만으로 구성되어 있으며, 증가율은 소수 둘째 자리, 학생 수는 소수 첫째 자리에서 반올림한다)

동아리 명	2019년	2020년	2021년	2022년
방송반	17	17	16	18
화학반	21	22	20	19
RCY	32	35	36	38
도서반	29	20	30	

① 45명   ② 46명

③ 47명   ④ 48명

✔ 해설 ㉠ 전년대비 2021년 도서반 학생 수의 증가율은, $\dfrac{30-20}{20} \times 100 = 50\%$

㉡ 2022년 도서반 학생 수를 x라 하면, $\dfrac{x-30}{30} \times 100 = 50\%$

∴ $x = 45$명

32 다음은 어떤 학교 학생의 학교에서 집까지의 거리를 조사한 결과이다. ㉠과 ㉡에 들어갈 수로 옳은 것은? (조사결과는 학교에서 집까지의 거리가 1km 미만인 사람과 1km 이상인 사람으로 나눠서 표시함)

성별	1km 미만	1km 이상	합계
남성	〔 　 〕 (　 %)	168 (㉠%)	240(100%)
여성	〔 ㉡ 〕 (36%)	〔 　 〕 (64%)	200(100%)

        ㉠   ㉡

① 60   70

② 60   72

③ 70   70

④ 70   72

✔ 해설 ㉠ $\dfrac{168}{240} \times 100 = 70(\%)$

㉡ $200 \times 0.36 = 72$(명)

|33~34| 다음 자료는 2018~2022년 커피 수입 현황에 대한 자료이다. 물음에 답하시오.

(단위 : 톤, 천달러)

구분 \ 연도		2018	2019	2020	2021	2022
생두	중량	97.8	96.9	107.2	116.4	100.2
	금액	252.1	234.0	316.1	528.1	365.4
원두	중량	3.1	3.5	4.5	5.4	5.4
	금액	37.1	42.2	55.5	90.5	109.8
커피 조제품	중량	6.3	5.0	5.5	8.5	8.9
	금액	42.1	34.6	44.4	98.8	122.4

33 위 표에 대한 설명으로 옳지 않은 것은?

① 원두의 수입금액은 매년 증가하고 있다.
② 생두의 수입금액은 매년 증가하다가 2022년에 감소하였다.
③ 2022년 생두의 수입금액은 원두의 수입금액의 3배 이상이다.
④ 2021년의 커피조제품 수입금액은 전년도의 두 배 이상이다.

✔**해설** ② 생두의 수입금액은 2019년에 감소하였다.

34 위 표의 2018~2021년 중에서 원두의 수입단가가 가장 높은 해는? $\left(수입단가 = \dfrac{금액}{중량}\right)$

① 2018년   ② 2019년
③ 2020년   ④ 2021년

✔**해설** ① 2018년 : $\dfrac{37.1}{3.1} = 11.96$ ② 2019년 : $\dfrac{42.2}{3.5} = 12.05$

③ 2020년 : $\dfrac{55.5}{4.5} = 12.33$ ④ 2021년 : $\dfrac{90.5}{5.4} = 16.75$

Answer   31.①   32.④   33.②   34.④

35 다음 자료는 동일한 산업에 속한 각 기업의 경영현황에 관한 것이다. A~D 기업 중에서 자기자본 대비 자산비율이 가장 큰 기업은?

(단위 : 억 원)

기업	자기자본	자산	매출액	순이익
A	500	1,200	1,200	48
B	400	600	800	80
C	1,200	2,400	1,800	72
D	600	1,200	1,000	36
E	200	800	1,400	28
산업평균	650	1,500	1,100	60

① A ② B

③ C ④ D

✔ 해설 ① $A = \dfrac{1,200}{500} = 2.4$ ② $B = \dfrac{600}{400} = 1.5$

③ $C = \dfrac{2,400}{1,200} = 2$ ④ $D = \dfrac{1,200}{600} = 2$

▮36~37▮ 다음은 ㈜서원각의 신입사원 300명을 대상으로 어떤 스포츠 종목에 관심이 있는지 조사한 표이다. 물음에 답하시오.

스포츠 종목	비율	스포츠 종목	비율
야구	30%	축구와 농구	7%
농구	20%	야구와 축구	9%
축구	25%	농구와 야구	6%
−	−	야구, 농구, 축구	3%

36 두 종목 이상에 관심이 있는 사원수는?

① 25명　　　　　　　　　　② 50명
③ 75명　　　　　　　　　　④ 100명

✔해설 (7%+9%+6%+3%)×300 = 75(명)

37 세 종목 이상에 관심이 있는 사원수는?

① 9명　　　　　　　　　　② 19명
③ 21명　　　　　　　　　　④ 30명

✔해설 0.03×300 = 9(명)

┃38~39┃ 다음은 A, B, C 세 제품의 가격, 월 전기료 및 관리비용을 나타낸 표이다. 물음에 답하시오.

분류	가격	월 전기료	월 관리비
A 제품	300만 원	3만 원	1만 원
B 제품	270만 원	4만 원	1만 원
C 제품	240만 원	3만 원	2만 원

38 제품 구입 후 1년을 사용했다고 가정했을 경우 총 지불액이 가장 높은 제품은? (단, 총 지불금액은 제품의 가격을 포함한다)

① A ② B
③ C ④ 모두 같음

✔해설 A $= 3,000,000 + (30,000 + 10,000) \times 12 = 3,480,000$(원)
B $= 2,700,000 + (40,000 + 10,000) \times 12 = 3,300,000$(원)
C $= 2,400,000 + (30,000 + 20,000) \times 12 = 3,000,000$(원)

39 A제품을 구입할 경우, 3년 동안 B나 C 제품에 비해 얼마를 절약할 수 있는가? (단, 제품가격은 고려하지 않는다.)

① 36만 원
② 25만 원
③ 34만 원
④ 33만 원

> ✔ 해설 3년 간 들어가는 전기료와 관리비를 계산하면
> $A = (30,000+10,000) \times 36 = 1,440,000$(원)
> $B = (40,000+10,000) \times 36 = 1,800,000$(원)
> $C = (30,000+20,000) \times 36 = 1,800,000$(원)
> 따라서 B에 비해 360,000, C에 비해 360,000원을 절약할 수 있다.

40 서울시 유료 도로에 대한 자료이다. 산업용 도로 3km의 건설비는 얼마가 되는가?

분류	도로수	총길이	건설비
관광용 도로	5	30km	30억 원
산업용 도로	7	55km	300억 원
산업관광용 도로	9	198km	400억 원
합계	21	283km	730억 원

① 약 5.5억 원
② 약 11억 원
③ 약 16.5억 원
④ 약 22억 원

> ✔ 해설 $300 \div 55 = 5.45 \fallingdotseq 5.5$(억 원)이고 3km이므로 $5.5 \times 3 = $ 약 16.5(억 원)

CHAPTER 03

추리

▌1~2 ▌ 다음 진술이 참이 되기 위해서 꼭 필요한 전제를 보기에서 모두 고르시오.

1

> 진주는 부지런한 사람이다.

〈보기〉
ㄱ 진주는 밀린 업무를 미리 끝낸다.
ㄴ 진주는 매일 저녁에 운동을 한다.
ㄷ 진주는 멜로 영화를 좋아한다.
ㄹ 업무를 미리 끝내는 사람은 부지런한 사람이다.
ㅁ 저녁에 운동을 하는 사람은 신뢰할 수 있는 사람이다.
ㅂ 커피를 마시는 사람은 졸음에서 깨어날 수 있는 사람이다.

① ㄱㄹ   ② ㄱㅁ
③ ㄴㄹ   ④ ㄴㅁ

✔ 해설 '진주는 부지런한 사람이다.'가 참이 되려면,
'진주는 밀린 업무를 미리 끝낸다.'와 '업무를 미리 끝내는 사람은 부지런한 사람이다.'가 필요하다.
따라서 ①이 정답이다.

2

> 가이드는 신뢰할 수 있는 사람이다.

〈보기〉
ㄱ 가이드는 많은 정보를 알고 있다.
ㄴ 가이드는 관광객들을 이끈다.
ㄷ 가이드는 누구에게나 친절하다.
ㄹ 고민이 많은 사람은 성공과 실패를 할 수 있는 사람이다.
ㅁ 많은 정보를 알고 있는 사람은 신뢰할 수 있는 사람이다.
ㅂ 독서를 많이 하는 사람은 다양한 어휘를 사용할 수 있는 사람이다.

① ㄱㄹ   ② ㄱㅁ
③ ㄴㄹ   ④ ㄴㅁ

✔해설 '가이드는 신뢰할 수 있는 사람이다.'가 참이 되려면,
'가이드는 많은 정보를 알고 있다.'와 '많은 정보를 알고 있는 사람은 신뢰할 수 있는 사람이다.'가 필요하다.
따라서 ②가 정답이다.

|3~5| 다음을 읽고 빈칸에 들어갈 조건을 고르시오.

3

〈조건〉
• (   )
• 떠드는 사람은 부주의한 사람이다.

〈결론〉
관람객은 부주의한 사람이다.

① 관람객은 자주 떠든다.   ② 관람객은 조심스럽다.
③ 관람객은 조용하다.   ④ 관람객은 영화를 좋아한다.

✔해설 결론이 '관람객은 부주의한 사람이다.'이고
주어진 조건이 '떠드는 사람은 부주의한 사람이다.'이므로
필요한 조건은 ①이다.

Answer   1.①   2.②   3.①

4

〈조건〉
• (   )
• 이익을 따르면 계산적이다.

〈결론〉
사업가는 계산적인 사람이다.

① 사업가는 손해를 피한다.
② 사업가는 이익을 따른다.
③ 사업가는 도전적이다.
④ 사업가는 독서를 한다.

✔해설 결론이 '사업가는 계산적인 사람이다.'이고
주어진 조건이 '이익을 따르면 계산적이다.'이므로
필요한 조건은 ②이다.

5

〈조건〉
• (   )
• 글에는 다양한 지식이 있다.

〈결론〉
책에는 다양한 지식이 있다.

① 책에는 글귀가 있다.
② 책에는 이성이 있다.
③ 책에는 글이 있다.
④ 책에는 감정이 있다.

✔해설 결론이 '책에는 다양한 지식이 있다.'이고
주어진 조건이 '글에는 다양한 지식이 있다.'이므로
필요한 조건은 ③이다.

6 A, B, C, D 네 명의 수강생이 외국어 학원에서 영어, 일본어, 중국어, 러시아어를 수강하고 있다. 다음에 제시된 내용을 모두 고려하였을 경우 항상 거짓인 것은?

> • C는 한 과목만 수강하며, 한 명도 수강하지 않는 과목은 없다.
> • 남자는 세 명, 여자는 한 명이다.
> • 러시아어는 세 사람이 함께 수강해야 하며, 남자만 수강할 수 있다.
> • 중국어는 여자만 수강할 수 있다.
> • A는 남자이며, 일본어는 반드시 수강해야 한다.
> • 남자는 모두 두 과목을 수강한다.

① 한 과목은 남자 두 명이 수강하게 된다.
② D는 반드시 두 과목을 수강하게 된다.
③ B는 일본어와 러시아어를 함께 수강하고 있지 않다.
④ B와 D는 영어를 수강하지 않는다.

✔ 해설 제시된 내용에 따라 정리를 하면

	영어	일본어	중국어	러시아어
A	×	○	×	○
B			×	○
C	×	×	○	×
D			×	○

① 영어, 일본어 둘 중 하나는 남자 두 명이 수강하게 된다.
② D는 남자이므로 반드시 두 과목을 수강하게 된다.
③ B는 영어와 러시아어를 수강하게 되면 옳은 내용이 된다.
④ B와 D는 영어 또는 일본어를 수강하게 되므로 틀린 내용이다.

7 A, B, C, D, E가 서로 거주하고 있는 집에 한 번씩 방문하려고 할 때, 세 번째로 방문하는 집은 누구의 집인가?

> • A ~ E는 각각의 집에 함께 방문하며, 동시에 여러 집을 방문할 수 없다.
> • A의 집을 방문한 후에 B의 집을 방문하나, 바로 이어서 방문하는 것은 아니다.
> • D의 집을 방문한 후에 바로 C의 집을 방문한다.
> • E의 집을 A의 집보다 먼저 방문한다.

① A   ② B
③ C   ④ D

✔해설 주어진 내용에 따라 정리해 보면 다음과 같음을 알 수 있다.
A집 다음에 B집을 방문하나 이어서 방문하지 않고, D집 다음에는 바로 C집을 방문한다.
그리고 E집을 A집 보다 먼저 방문하므로
E→A→D→C →B

8 다음 주어진 내용을 모두 고려하였을 때 A, B, C, D, E를 몸무게가 무거운 사람부터 나열하였을 때 C는 몇 번째에 해당하는가?

> A, B, C, D, E가 신체검사를 한 결과는 다음과 같다.
> • D는 E보다 키도 크고 몸무게도 많이 나간다.
> • A는 E보다 키는 크지만 몸무게는 적게 나간다.
> • C의 키는 E보다 작으며, A의 몸무게가 가장 적게 나가는 것은 아니다.
> • B는 A보다 몸무게가 많이 나간다.

① 두 번째   ② 세 번째
③ 네 번째   ④ 다섯 번째

✔해설 제시된 내용에 따라 정리해 보면
첫 번째와 두 번째 내용에 따라 D > E > A
세 번째 내용을 보면 A가 가장 적게 나가는 것이 아니므로 A 뒤에 C가 온다.
그러므로 D > E > B > A > C가 된다.

9 갑, 을, 병이 각각 다른 회사, 서로 다른 지역에서 근무하고 있을 때, 다음 중 항상 옳은 것은?

> • 갑, 을, 병은 각각 전력회사, 무역회사, 식품회사 중 서로 다른 한 곳에서 근무하며, 근무지는 서울, 제주도, 울릉도에 위치한다.
> • 전력회사는 서울에만 근무지가 있다.
> • 갑은 과거에 식품회사에서 근무했으나 현재는 다른 곳에서 근무하고 있다.
> • 을은 지금까지 섬을 떠나 생활해 본 적이 없다.
> • 병은 풍력발전에 대해 연구하고 있다.

① 갑은 무역회사에 다니거나 근무지가 서울이다.

② 을은 식품회사에 다니고 있지 않거나 근무지가 서울이다.

③ 병은 무역회사에 다니거나 섬에서 근무하고 있다.

④ 을의 근무지는 제주도 또는 울릉도이다.

> ✔ **해설**　병은 풍력발전에 대해 연구하므로 전력회사에 근무하며 전력회사는 서울에만 근무지가 있다.
> 　　갑은 과거 식품회사였지만 현재는 다른 곳에서 근무하므로 무역회사에 근무하는 것이 되고, 을이 식품회사에 근무하고 있음을 알 수 있다. 을은 섬을 떠나 본 적이 없으므로 제주도 또는 울릉도에 근무지가 있는 것이다.
> 　　이를 정리해 보면
> 　　갑→무역회사→울릉도 또는 제주도 근무
> 　　을→식품회사→울릉도 또는 제주도 근무
> 　　병→전력회사→서울 근무

10 A, B, C, D, E가 각각 영업팀, 연구팀, 법무팀, 기획팀, 재무팀 중 서로 다른 한 곳에 소속되어 있을 때 A의 소속으로 맞는 팀은?

- B는 연구팀도 재무팀도 아니며, C는 기획팀이 아니다.
- 재무팀에 속한 사람은 C 또는 D이며, 만일 C가 재무팀이 아니라면 B는 영업팀이다.
- D는 영업팀도 법무팀도 아니다.
- E는 연구팀도 기획팀도 아니다.
- 연구팀과 기획팀에는 D가 소속되어 있지 않다.

① 영업팀　　　　　　　　　　② 연구팀
③ 법무팀　　　　　　　　　　④ 기획팀

✔ 해설　제시된 내용을 표를 통해 하나씩 지워가며 정리해 보면 다음과 같다.

	영업팀	연구팀	법무팀	기획팀	재무팀
A	×	×	×	○	×
B	○	×	×	×	×
C	×	○	×	×	×
D	×	×	×	×	○
E	×	×	○	×	×

A-기획팀, B-영업팀, C-연구팀, D-재무팀, E-법무팀

11 올림픽경기에서 한국, 중국, 일본, 러시아, 태국이 선두그룹을 형성하고 있는데. 태국이 한 나라를 사이에 두고 중국에 앞서 있고, 한국은 중국보다 앞서 있다. 또한, 러시아 뒤로는 두 나라가 뒤따르고, 일본 앞으로는 세 나라 이상이 앞서 있다면, 현재 선두 그룹에서 3번째는 어느 나라인가? (단, 동등 순위는 없다.)

① 한국　　　　　　　　　　② 중국
③ 일본　　　　　　　　　　④ 러시아

✔ 해설　태국과 중국 사이에 한 나라가 있어야 하며, 러시아 뒤로는 두 나라가 일본 앞으로는 세 나라 이상이 앞서 있으므로 일본은 5위가 된다.
순서에 맞게 정리하면 한국 – 태국 – 러시아 – 중국 – 일본이 순이 된다.
그러므로 3번째 나라는 러시아이다.

12 다음 명제를 기준으로 결론을 내릴 때, 이 중 참인지 거짓인지 알 수 없는 내용은 무엇인가?

> • 월계 빌라의 주민들은 모두 A의 친척이다.
> • B는 자식이 없다.
> • C는 A의 오빠이다.
> • D는 월계 빌라의 주민이다.
> • A의 아들은 미국에 산다.

① A의 아들은 C와 친척이다.
② D는 A와 친척 간이다.
③ B는 월계 빌라의 주민이다.
④ A와 D는 둘 다 남자이다.

✔ 해설 ① A는 C의 여동생이므로 친척관계이다.
② D는 월계 빌라의 주민이므로 친척관계이다.
③ B에 대해서는 알 수 없다.
④ A는 여자이며, D는 남자인지 여자인지 알 수 없다.

13 다음 글을 근거로 유추할 경우 옳은 내용만을 바르게 짝지은 것은?

- 9명의 참가자는 1번부터 9번까지의 번호 중 하나를 부여 받고, 동시에 제비를 뽑아 3명은 범인, 6명은 시민이 된다.
- '1번의 오른쪽은 2번, 2번의 오른쪽은 3번, …, 8번의 오른쪽은 9번, 9번의 오른쪽은 1번'과 같이 번호 순서대로 동그랗게 앉는다.
- 참가자는 본인과 바로 양 옆에 앉은 사람이 범인인지 시민인지 알 수 있다.
- "옆에 범인이 있다."라는 말은 바로 양 옆에 앉은 2명 중 1명 혹은 2명이 범인이라는 뜻이다.
- "옆에 범인이 없다."라는 말은 바로 양 옆에 앉은 2명 모두 범인이 아니라는 뜻이다.
- 범인은 거짓말만 하고, 시민은 참말만 한다.

㉠ 1, 4, 6, 7, 8번의 진술이 "옆에 범인이 있다."이고, 2, 3, 5, 9번의 진술이 "옆에 범인이 없다."일 때, 8번이 시민임을 알면 범인들을 모두 찾아낼 수 있다.

㉡ 만약 모두가 "옆에 범인이 있다."라고 진술한 경우, 범인이 부여받은 번호의 조합은 (1, 4, 7) / (2, 5, 8) / (3, 6, 9) 3가지이다.

㉢ 한 명만이 "옆에 범인이 없다."라고 진술한 경우는 없다.

① ㉡
② ㉢
③ ㉠㉡
④ ㉠㉢

✔**해설** ㉠ "옆에 범인이 있다."고 진술한 경우를 ○, "옆에 범인이 없다."고 진술한 경우를 ×라고 하면

1	2	3	4	5	6	7	8	9
○	×	×	○	×	○	○	○	×
							시민	

- 9번이 범인이라고 가정하면
  9번은 "옆에 범임이 없다."고 진술하였으므로 8번과 1번 중에 범인이 있어야 한다. 그러나 8번이 시민이므로 1번이 범인이 된다. 1번은 "옆에 범인이 있다."라고 진술하였으므로 2번과 9번에 범인이 없어야 한다. 그러나 9번이 범인이므로 모순이 되어 9번은 범인일 수 없다.
- 9번이 시민이라고 가정하면
  9번은 "옆에 범인이 없다."라고 진술하였으므로 1번도 시민이 된다. 1번은 "옆에 범인이 있다."라고 진술하였으므로 2번은 범인이 된다. 2번은 "옆에 범인이 없다."라고 진술하였으므로 3번도 범인이 된다. 8번은 시민인데 "옆에 범인이 있다."라고 진술하였으므로 9번은 시민이므로 7번은 범인이 된다. 그러므로 범인은 2, 3, 7번이고 나머지는 모두 시민이 된다.

㉡ 모두가 "옆에 범인이 있다."라고 진술하면 시민 2명, 범인 1명의 순으로 반복해서 배치되므로 옳은 설명이다.

㉢ 다음과 같은 경우가 있음으로 틀린 설명이다.

1	2	3	4	5	6	7	8	9
○	○	○	○	○	○	○	×	○
범인	시민	시민	범인	시민	범인	시민	시민	시민

14 다음과 같은 내용이 참일 때 〈보기〉의 내용을 바르게 설명한 것은?

> ㉠ A, B, C, D는 커피, 홍차, 코코아, 우유 중 하나씩 마셨다.
> ㉡ A는 커피와 홍차를 마시지 않았다.
> ㉢ C는 커피를 마셨다.
> ㉣ B는 홍차와 우유를 마시지 않았다.

> 〈보기〉
> A : D는 코코아를 마시지 않았다.
> B : 우유를 마신 사람은 A이다.

① A만 참이다.
② B만 참이다.
③ B만 거짓이다.
④ A, B 모두 참이다.

✔ 해설 주어진 내용에 따라 표로 정리하면

	커피	홍차	코코아	우유
A	×	×	×	○
B	×	×	○	×
C	○	×	×	×
D	×	○	×	×

15 민수, 영민, 민희 세 사람은 제주도로 여행을 가려고 한다. 제주도까지 가는 방법에는 고속버스→배→지역버스, 자가용→배, 비행기의 세 가지 방법이 있을 때 민수는 고속버스를 타기 싫어하고 영민이는 자가용 타는 것을 싫어한다면 이 세 사람이 선택할 것으로 생각되는 가장 좋은 방법은?

① 고속버스, 배
② 자가용, 배
③ 비행기
④ 지역버스, 배

> ✔해설 민수는 고속버스를 싫어하고, 영민이는 자가용을 싫어하므로 비행기로 가는 방법을 선택하면 된다.

16 다음 문장을 읽고 보기에서 바르게 서술한 것은?

> 각각의 정수 A, B, C, D를 모두 곱하면 0보다 크다.

① A, B, C, D 모두 양의 정수이다.
② A, B, C, D 모두 음의 정수이다.
③ A, B, C, D 중 절댓값이 같은 2개를 골라 더했을 경우 0보다 크다면 나머지의 곱은 0보다 크다.
④ A, B, C, D 중 3개를 골라 더했을 경우 0보다 작으면 나머지 1개는 0보다 작다.

> ✔해설 제시된 조건을 만족시키는 것은 '양수×양수×양수×양수', '음수×음수×음수×음수', '양수×양수×음수×음수'인 경우이다. 각각의 정수 A, B, C, D 중 절댓값이 같은 2개를 골라 더하여 0보다 크다면 둘 다 양수일 경우이므로 나머지 수는 양수×양수, 음수×음수가 되어 곱은 0보다 크게 된다. A, B, C, D 중 3개를 골라 더했을 때 0보다 작으면 나머지 1개는 0보다 작을 수 있지만 클 수도 있다.

17 6권의 책을 크기가 큰 것부터 차례대로 배열하려고 한다. 다음 조건에 맞는 진술은 어느 것인가? (단, 책의 크기가 동일하다면 알파벳 순서대로 배열한다.)

〈조건〉

- A는 두 번째로 큰 책이다.
- B는 C와 책 크기가 같다.
- D는 가장 작은 책이다.
- C는 E보다 작다.
- F는 B보다 크다.

① A는 D 다음 순서에 온다.

② 책의 크기는 E가 F보다 크다.

③ C는 D 바로 앞에 온다.

④ E 다음 순서로 A가 온다.

✔해설 ① D는 가장 작은 책이므로 마지막 순서에 온다.
② E와 F의 크기는 비교할 수 없다.
④ A와 E의 크기는 비교할 수 없다.

18 다음 조건이 참일 때, 반드시 참인 것을 모두 고르면?

조건
- 모든 A는 B다.
- 모든 B는 C이다.
- 어떤 D는 B다.
- 어떠한 E도 B가 아니다.

㉠ 모든 A는 C다.
㉡ 어떤 C는 B다.
㉢ 어떤 A는 D다.
㉣ 어떠한 C도 E가 아니다.

① ㉠

② ㉠㉡

③ ㉠㉢

④ ㉠㉡㉢

✔해설 모든 조건이 참이라면 A→B→C와 E↛B가 성립한다. 따라서 모든 A는 C이고, 조건의 역인 C↛B가 성립하여 어떤 C는 B이다.

---

19 종이 한 장에 다음과 같이 1번부터 40번까지의 40개의 문장이 쓰여 있다. 모든 문장의 내용은 똑같고 숫자만 달라진다. 이 문장이 무수히 반복될 경우 마지막 문장은 '이 종이에 쓰인 문장 중 꼭 n개가 거짓이다'가 된다. 그렇다면 어떤 문장이 참인지, 참인 문장의 개수(㉠)와 참인 문장의 번호(㉡)의 합을 구하면? (단, 참인 문장이 여러 개인 경우 ㉡은 각 번호의 합으로 한다)

1. 이 종이에 쓰인 문장 중 꼭 1개가 거짓이다.
2. 이 종이에 쓰인 문장 중 꼭 2개가 거짓이다.
3. 이 종이에 쓰인 문장 중 꼭 3개가 거짓이다.
↓
40. 이 종이에 쓰인 문장 중 꼭 40개가 거짓이다.

① 10

② 20

③ 40

④ 55

만약 40개의 문장 중 2개 이상의 문장이 참이라면 그들 문장의 내용에서 정확히 n개의 문장이 참이라는 명제와 모순이 된다. 그러므로 많아야 한 문장만이 참이 될 수 있다. 만약 참인 문장이 하나도 없다면 40개의 문장이 모두 거짓이 된다. 이럴 경우 40번째 문장이 참이 되어 또 모순이 된다. 따라서 39개의 거짓인 문장이 있게 되어 39번째 문장이 참이다. 즉, ㉠은 1이고 ㉡은 39가 되므로 A와 B의 합은 40이다.

20 5명의 친구 A~E가 모여 '수호천사' 놀이를 하기로 했다. 갑이 을에게 선물을 주었을 때 '갑은 을의 수호천사이다'라고 하기로 약속했고, 다음처럼 수호천사 관계가 성립되었다. 이후 이들은 〈규칙〉에 따라 추가로 '수호천사' 관계를 맺었다. 이들 외에 다른 사람은 이 놀이에 참여하지 않는다고 할 때, 옳지 않은 것은?

> • A는 B의 수호천사이다.
> • B는 C의 수호천사이다.
> • C는 D의 수호천사이다.
> • D는 B와 E의 수호천사이다.

> 〈규칙〉
> • 갑이 을의 수호천사이고 을이 병의 수호천사이면, 갑은 병의 수호천사이다.
> • 갑이 을의 수호천사일 때, 을이 자기 자신의 수호천사인 경우에는 을이 갑의 수호천사가 될 수 있고, 그렇지 않은 경우에는 을이 갑의 수호천사가 될 수 없다.

① A는 B, C, D, E의 수호천사이다.
② B는 A의 수호천사가 될 수 있다.
③ C는 자기 자신의 수호천사이다.
④ E는 A의 수호천사가 될 수 있다.

④ E가 A의 수호천사가 될 수 있기 위해서는 A가 E의 수호천사이고 E는 자기 자신의 수호천사가 되어야 한다. 그러나 A는 E의 수호천사이나, E는 자기 자신의 수호천사가 아니므로 E는 A의 수호천사가 될 수 없다.
① A→B→C→D→B ∩ E 이므로 A는 B, C, D, E의 수호천사가 된다.
② A가 B의 수호천사이고 B는 자기 자신의 수호천사이므로 B는 A의 수호천사가 될 수 있다.
③ C는 B의 수호천사이고 B는 C의 수호천사이기 때문에 C는 자기 자신의 수호천사이다.

Answer 18.② 19.③ 20.④

21 다음 글을 읽고 결론을 고르면?

> • 생후 12개월 된 모든 아기는 잘 걷는다.
> • 윤아는 오늘 돌잔치를 했다.
> • 그러므로 _____

① 윤아는 잘 걷는다.　　　　　　　　② 윤아는 잘 걷지 못한다.

③ 윤아는 아직 기어다닌다.　　　　　④ 윤아는 12개월이 되지 않았다.

　　✔해설　윤아가 돌잔치를 한 것은 12개월이 지났다는 의미이므로 윤아는 잘 걷는다.

22 갑, 을, 병, 정의 네 나라에 대한 다음의 조건으로부터 추론할 수 있는 것은?

> ㉠ 이들 나라는 시대 순으로 연이어 존재했다.
> ㉡ 네 나라의 수도는 각각 달랐는데 관주, 금주, 평주, 한주 중 어느 하나였다.
> ㉢ 한주가 수도인 나라는 평주가 수도인 나라의 바로 전 시기에 있었다.
> ㉣ 금주가 수도인 나라는 관주가 수도인 나라의 바로 다음 시기에 있었으나, 정보다는 이전 시기에 있었다.
> ㉤ 병은 가장 먼저 있었던 나라는 아니지만, 갑보다는 이전 시기에 있었다.
> ㉥ 병과 정은 시대 순으로 볼 때 연이어 존재하지 않았다.

① 금주는 갑의 수도이다.

② 관주는 병의 수도이다.

③ 평주는 정의 수도이다.

④ 을은 갑의 다음 시기에 존재하였다.

　　✔해설　㉢㉣에 의해 관주 – 금주 – 한주 – 평주 순서임을 알 수 있다. 그리고 ㉣㉤㉥에 의해 을 – 병 – 갑 – 정의 순서임을 알 수 있다.

23 다음 논증의 결론을 타당하게 이끌어 내기 위해 꼭 필요한 전제는?

> 모든 인간은 불완전한 존재이고, 불완전한 존재는 누구도 참된 인식을 할 수 없다. 인간이 불완전한 존재라면, 그 누구도 절대적인 관점에서 사물을 바라볼 수 없다. 인간이 절대적인 관점에서 사물을 바라볼 수 없는 존재이거나 신이 될 수 없는 존재라면, 다른 사람의 견해를 함부로 무시해서는 안 된다. 남의 견해를 함부로 무시하지 않으려면, 인간은 편견에 사로잡히지 않아야 한다. 따라서 모든 인간은 항상 겸손해야 한다.

① 절대적인 관점에서 사물을 바라볼 수 있는 인간은 경우에 따라 다른 사람의 견해를 무시할 수 있다.

② 인간이 항상 겸손하면 참된 인식을 할 수 없더라도 편견에 사로잡히지 않게 된다.

③ 인간이 신이 될 수 없는 존재라면 인간은 편견에 사로잡히지 않아야 한다.

④ 편견에 사로잡히지 않으려면 인간은 항상 겸손해야 한다.

✔ 해설   인간이 불완전한 존재라면 다른 사람의 견해를 함부로 무시해서는 안 되며, 다른 사람의 견해를 함부로 무시하지 않으려면 편견에 사로잡히지 않아야 한다. 그런데 편견에 사로잡히지 않으려면 어떻게 해야하는지에 대한 전제가 제시되지 않았다. 따라서 편견에 사로잡히지 않으려면 인간은 항상 겸손해야 한다는 전제가 필요하다.

|24~26| 주어진 도형들의 일정한 규칙을 찾아 '?'에 들어갈 알맞은 도형을 고르시오.

24

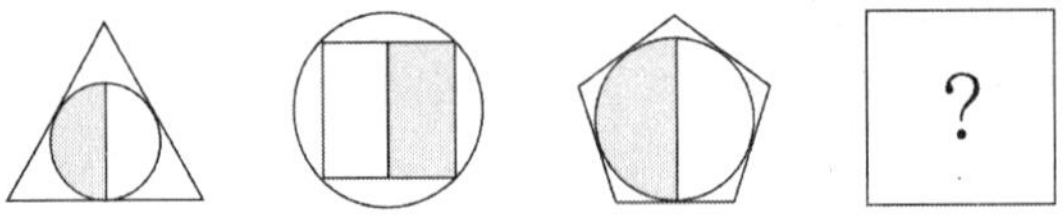

①

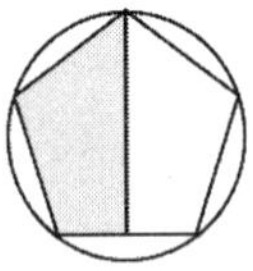

②

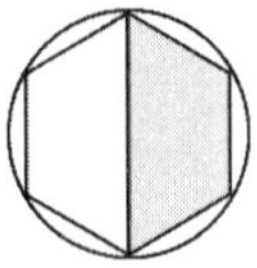

③

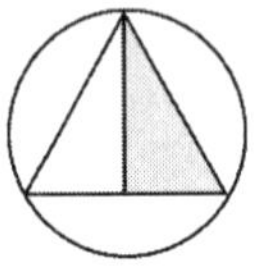

④

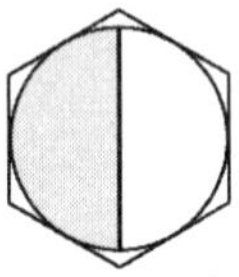

> **해설** 안쪽 도형은 중간선을 기준으로 좌우가 번갈아가며 색이 칠해지고 있으며, 삼각형→사각형→오각형의 순으로 변하는 도형이 원의 안쪽과 바깥쪽에 번갈아가며 위치한다.

25

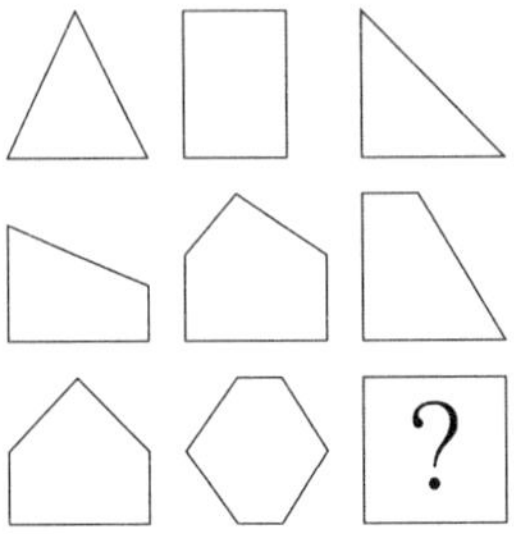

①

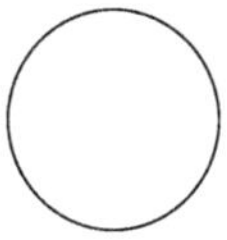

②

③

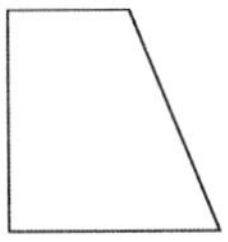

④

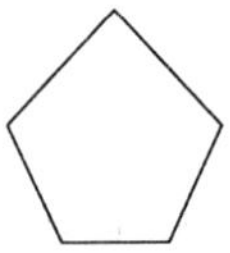

✔ 해설 첫 번째 세로 줄의 도형들은 삼각형, 사각형, 오각형으로 변하고 있으며 두 번째 세로 줄의 도형들은 사각형, 오각형, 육각형으로 변하고 있다. 따라서 세 번째 세로 줄은 삼각형, 사각형, 오각형으로 변할 것이다.

26

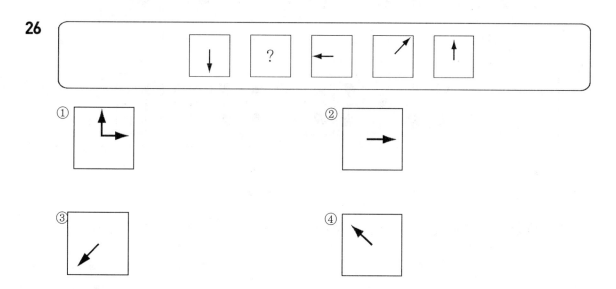

✔ 해설 제시된 도형의 경우 뒤에 세 개의 도형을 보고 규칙성을 찾아야 한다. 세 개의 도형을 관찰해 본 결과 화살표 모양은 135° 나아갔다가 45° 되돌아오고 있다.

| 27~29 | 다음에 제시된 예를 보고 $와 !에 들어갈 도형으로 옳은 것을 고르시오.

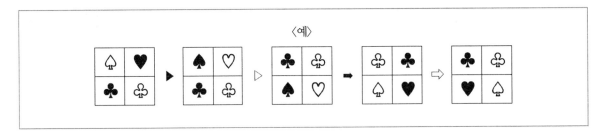

27

① ★ ♡

② ☆ ★

③ ★ ☆

④ ☆ ♥

✔ 해설 제시된 예의 규칙을 파악하면 다음과 같다.
▶ 1행 색 반전
▷ 1행과 2행 교환
▶ 전체 색 반전
▷ 1열과 2열 교환

1	2	▶	1′	2′	▷	3	4	▶	3′	4′
3	4		3	4		1′	2′		1′	2′

28

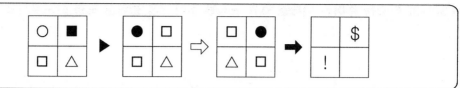

① ○ ▲   ② ■ ○

③ ○ ■   ④ ○ △

✔ 해설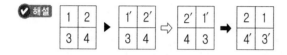

29

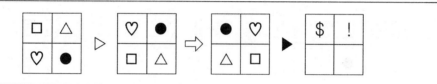

① ● △   ② ○ ♥

③ △ □   ④ ● ♡

✔ 해설

1	2	▷	3	4	⇨	4	3	▶	4′	3′
3	4		1	2		2	1		2	1

│30～32│ 다음 주어진 예제를 보고 규칙을 찾아 ?에 들어갈 도형을 고르시오.

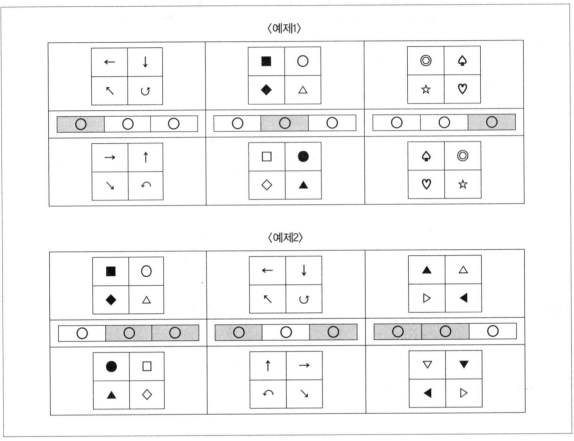

30

① ▷

② ◇

③ □

④ △

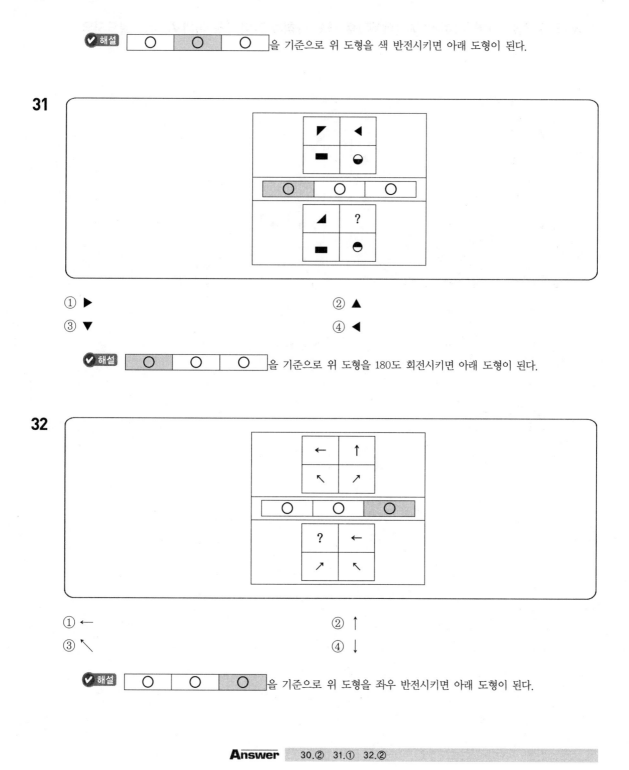

✔ 해설 〇 〇 〇 을 기준으로 위 도형을 색 반전시키면 아래 도형이 된다.

31

① ▶

② ▲

③ ▼

④ ◀

✔ 해설 〇 〇 〇 을 기준으로 위 도형을 180도 회전시키면 아래 도형이 된다.

32

① ←

② ↑

③ ↖

④ ↓

✔ 해설 〇 〇 〇 을 기준으로 위 도형을 좌우 반전시키면 아래 도형이 된다.

｜33~35｜ 다음 주어진 [예제1]과 [예제2]를 보고 규칙을 찾아, [문제]의 A, B를 찾으시오.

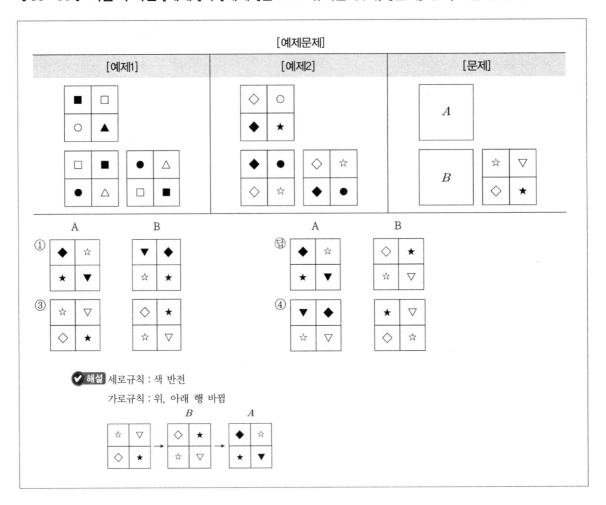

33

[예제1]	[예제2]	[문제]

[예제1]:
△ ○ / ★ ♡
▲ ○ / ☆ ♡   △ ● / ☆ ♡

[예제2]:
□ ⇩ / △ ●
■ ⇩ / ▲ ● □ ⬇ / ▲ ●

[문제]:
A
B △ □ / ● ▲

	A	B			A	B
①	△ ■ / ○ ▲	▲ ■ / ● ▲	②	△ □ / ● ▲	△ ■ / ○ ▲
③	▲ □ / ● △	△ ■ / ○ ▲	④	▲ ■ / ○ △	△ □ / ● ▲

✔ 해설 세로규칙 : 1열의 색 반전
가로규칙 : 1행의 색 반전

B 　 A
△ □ / ● ▲ → ▲ ■ / ● ▲ → △ ■ / ○ ▲

34

[예제1]	[예제2]	[문제]

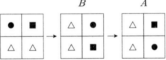

A　　　　　B　　　　　　　　A　　　　　B

① ② ③ ④

✔ 해설 세로규칙 : 1행과 2행 바꿈
가로규칙 : 반시계 방향으로 한 칸씩 이동

[예제1]	[예제2]	[문제]

A

B

A B

① ② ③ ④

✔해설 세로규칙 : 시계 방향으로 한 칸씩 이동
가로규칙 : 색 반전

B   A

▌예제▌ 다음 규칙을 참고하여 문제의 정답을 고르시오.

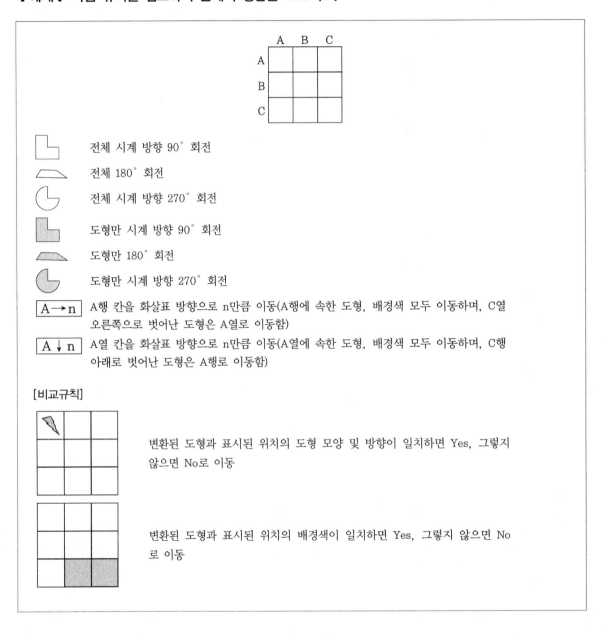

전체 시계 방향 90° 회전

전체 180° 회전

전체 시계 방향 270° 회전

도형만 시계 방향 90° 회전

도형만 180° 회전

도형만 시계 방향 270° 회전

A→n A행 칸을 화살표 방향으로 n만큼 이동(A행에 속한 도형, 배경색 모두 이동하며, C열 오른쪽으로 벗어난 도형은 A열로 이동함)

A↓n A열 칸을 화살표 방향으로 n만큼 이동(A열에 속한 도형, 배경색 모두 이동하며, C행 아래로 벗어난 도형은 A행로 이동함)

[비교규칙]

변환된 도형과 표시된 위치의 도형 모양 및 방향이 일치하면 Yes, 그렇지 않으면 No로 이동

변환된 도형과 표시된 위치의 배경색이 일치하면 Yes, 그렇지 않으면 No로 이동

▌36~40 ▌ 다음을 주어진 규칙에 따라 변환시킬 때 '?'에 해당하는 것을 고르시오.

36

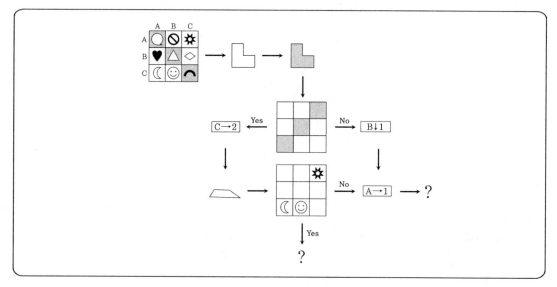

①

②

③

④

✔ 해설

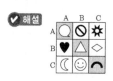   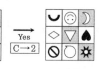

37

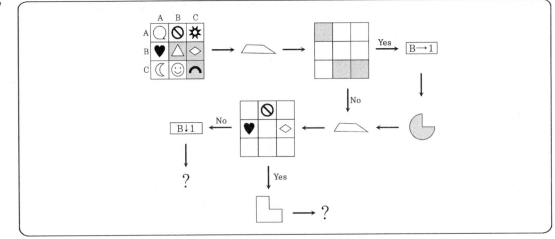

①

②

③

④

✔ 해설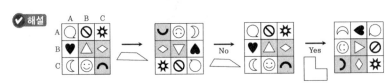

38

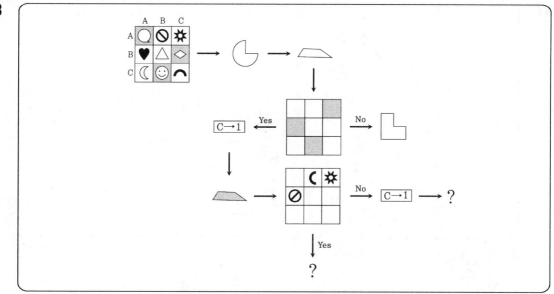

①

②

③

④

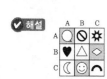 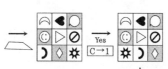

39

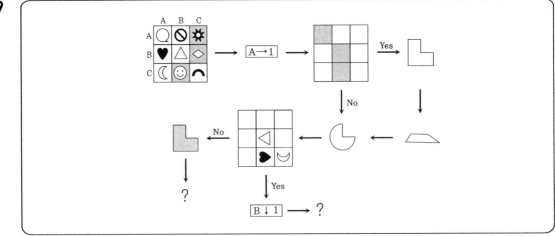

①

③

②

④

✔ 해설
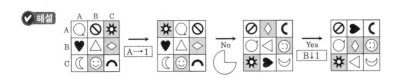

40

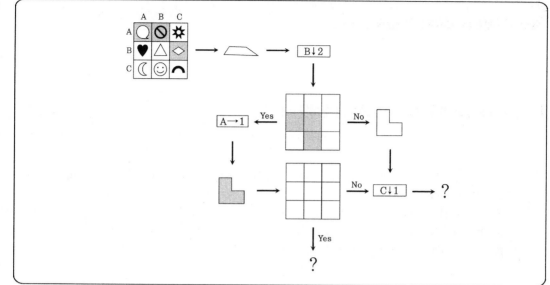

①

② (image)

③

④ (image)

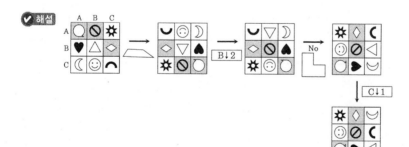

CHAPTER 04

문제해결

┃1~5┃ 다음 조건을 보고 각 물음에 답하시오.

〈조건〉

상태 계기판을 확인하고, 각 계기판이 가리키는 수치들을 표와 대조하여, 아래와 같은 적절한 행동을 취하시오.

㉠ 안전 : 그대로 둔다.
㉡ 경계 : 파란 레버를 내린다.
㉢ 경고 : 빨간 버튼을 누른다.

알림은 안전, 경계, 경고 순으로 격상되고, 역순으로 격하한다.

〈표〉

상태	허용 범위	알림
α	A와 B의 평균≤10	안전
	10<A와 B의 평균<20	경계
	A와 B의 평균≥20	경고
χ	$\lvert A-B \rvert \leq 20$	안전
	$20 < \lvert A-B \rvert < 30$	경계
	$30 \leq \lvert A-B \rvert$	경고
π	$3 \times A > B$	안전
	$3 \times A = B$	경계
	$3 \times A < B$	경고

1

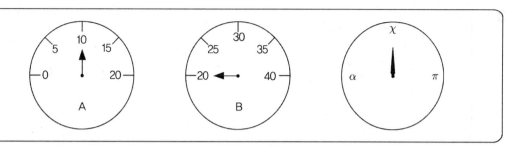

① 그대로 둔다.

② 파란 레버를 내린다.

③ 파란 레버를 올린다.

④ 빨간 버튼을 누른다.

✔ 해설 χ상태이므로, $|A-B|=|10-20|=10$

$|A-B| \leq 20$이므로 안전이다.

2

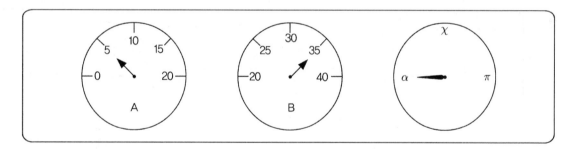

① 그대로 둔다.

② 파란 레버를 내린다.

③ 파란 레버를 올린다.

④ 빨간 버튼을 누른다.

✔ 해설 α상태이므로, A와 B의 평균은 $\dfrac{5+35}{2}=20$

$|A-B| \geq 20$이므로 경고다.

Answer 1.① 2.④

3

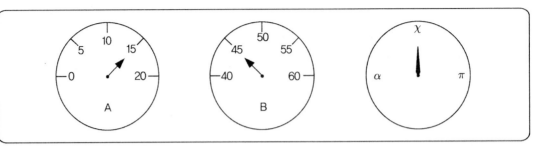

① 그대로 둔다.

② 파란 레버를 내린다.

③ 파란 레버를 올린다.

④ 빨간 버튼을 누른다.

> ✔ 해설 χ 상태이므로, $|A-B|=|15-45|=30$
>
> $30 \le |A-B|$ 이므로 경고다.

4

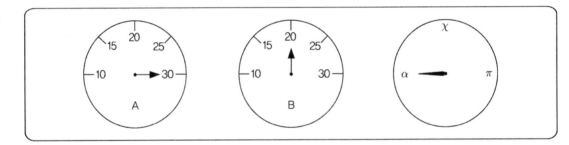

① 그대로 둔다.

② 파란 레버를 내린다.

③ 파란 레버를 올린다.

④ 빨간 버튼을 누른다.

> ✔ 해설 α 상태이므로, A와 B의 평균은 $\dfrac{30+20}{2}=25$
>
> A와 B의 평균 ≥ 20이므로 경고다.

5

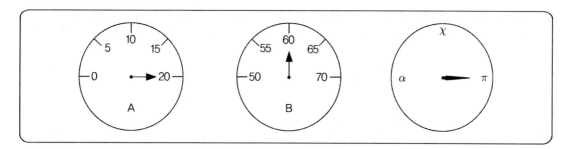

① 그대로 둔다.
② 파란 레버를 내린다.
③ 파란 레버를 올린다.
④ 빨간 버튼을 누른다.

✔ 해설 π상태이므로, $3 \times A = 60$
  $3 \times A = B$이므로 경계다.

┃6～10┃ 휴대폰 판매점의 위치가 다음과 같다. 교통수단으로는 지하철을 이용하고, 지하철로 한 정거장을 이동할 때는 3분이 소요되며, 환승하는 시간은 6분이 소요된다. 각 물음에 답하시오.

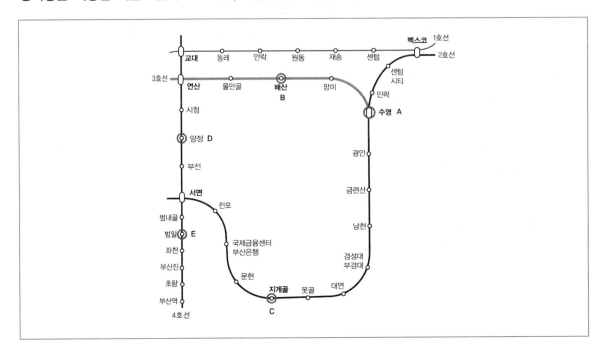

6 당신은 지금 A역에서 휴대폰을 알아보고 있다. 1시에 거래처와 중요한 미팅이 E역에서 있어 반드시 10 분 전에는 도착해야 한다면, 최소 몇 시에 출발해야 하는가?

① 12시 14분
② 12시 15분
③ 12시 16분
④ 12시 17분

> ✔해설 3호선을 타고 연산에서 환승한 뒤, E역으로 가는 것이 가장 효율적이다.
> 10개의 정거장과 1번의 환승을 거치게 되므로 총 36분이 걸린다. 12시 50분까지 도착하기 위해서는 12 시 14분에는 출발해야 한다.

7 오늘 휴대폰 매장을 모두 들려서 가격비교를 해보려고 한다. 다음 중 가장 효율적으로 이동할 수 있는 경로는 무엇인가?

① A - B - D - E - C
② A - C - E - D - B
③ A - B - D - C - E
④ A - C - D - E - B

> ✔해설 ①의 경로로 이동하면 총 16정거장과 2번의 환승을 거치게 되므로 가장 효율적인 이동 경로가 된다.

8 위와 같이 이동할 때 이동시간만 최소 몇 분이 소요되는가?

① 50분　　　　　　　　　　　② 55분

③ 60분　　　　　　　　　　　④ 65분

> ✔ 해설　A – B : 2정거장 = 6분
> B – D : 4정거장, 1번 환승 = 18분
> D – E : 4정거장 = 12분
> E – C : 6정거장, 1번 환승 = 24분
> 6+18+12+24＝60(분)

9 D역에서 휴대폰을 알아보고 있는데, 친구에게 C와 E역 판매점의 가격 조건이 더 좋다는 전화를 받았다. C역과 E역 판매점은 각각 6시에 문을 닫는다. 두 개의 판매점을 모두 들르기 위해서는 최소 몇 시에 출발해야 하는가? (단, 둘러보는 시간은 포함하지 않는다)

① 5시 30분　　　　　　　　　② 5시 28분

③ 5시 26분　　　　　　　　　④ 5시 24분

> ✔ 해설　D – E : 4정거장 = 12분
> E – C : 6정거장, 1번 환승 = 24분
> 12+24＝36(분)
> 따라서 5시 24분 전에는 출발해야 한다.

10 오늘은 세 곳의 가격만 비교해보려고 집으로 돌아갈 예정이다. 집이 있는 민락역에서 12시에 출발해서 B, C, E 순으로 이동한다면, 마지막 E역에 도착하는 시간은 몇 시인가?

① 1시 2분　　　　　　　　　　② 1시 12분

③ 1시 22분　　　　　　　　　④ 1시 32분

> ✔ 해설　민락 – B : 3정거장, 1번 환승 = 15분
> B – C : 9정거장, 1번 환승 = 33분
> C – E : 6정거장, 1번 환승 = 24분
> 총 소요되는 시간은 15+33+24 = 72분이다.
> 따라서 E역에 도착하는 시간은 1시 12분이다.

❚11~12 ❚ 다음은 그래프 구성 명령어 실행 예시이다. 다음을 참고하여 물음에 답하시오.

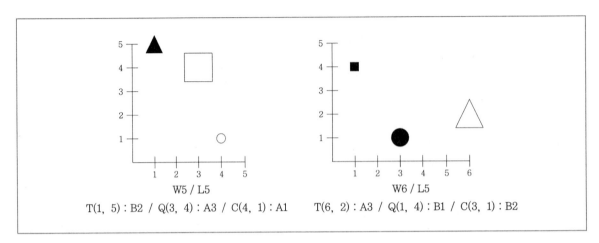

T(1, 5) : B2 / Q(3, 4) : A3 / C(4, 1) : A1   T(6, 2) : A3 / Q(1, 4) : B1 / C(3, 1) : B2

11 다음 그래프의 알맞은 명령어는 무엇인가?

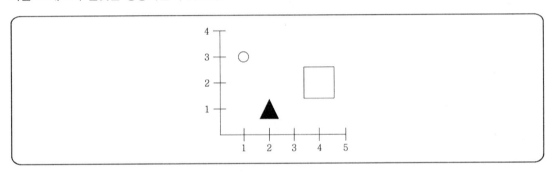

① W4 / L4

 C(1, 3) : A1 / T(2, 1) : B2 / Q(4, 2) : A3

② W5 / L4

 C(1, 3) : A1 / T(2, 1) : B2 / Q(4, 2) : A3

③ W5 / L5

 C(1, 3) : A1 / T(2, 1) : B2 / Q(4, 2) : A3

④ W5 / L4

 C(1, 3) : A1 / T(2, 1) : A2 / Q(4, 2) : B3

 ✔ **해설** W5 / L4

  C(1, 3) : A1 / T(2, 1) : B2 / Q(4, 2) : A3

12 W6 / L5 Q(1, 2) : B2 / C(4, 3) : A1 / T(6, 5) : A3의 그래프를 산출할 때, 오류가 발생하여 다음과 같은 그래프가 산출되었다. 다음 중 오류가 발생한 값은?

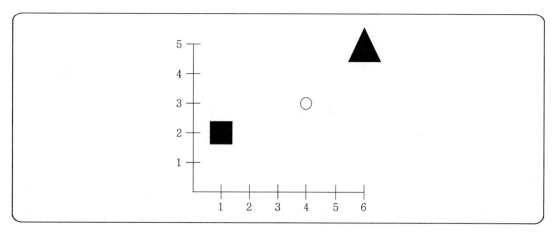

① W6 / L5

② Q(1, 2) : B2

③ C(4, 3) : A1

④ T(6, 5) : A3

✔️해설 W6 / L5
　　　Q(1, 2) : B2 / C(4, 3) : A1 / T(6, 5) : B3

▍13~14 ▍ 다음은 그래프 구성 명령어 실행 예시이다. 이를 참고하여 다음 물음에 답하시오.

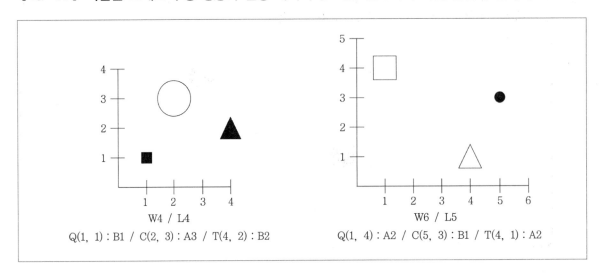

W4 / L4

Q(1, 1) : B1 / C(2, 3) : A3 / T(4, 2) : B2

W6 / L5

Q(1, 4) : A2 / C(5, 3) : B1 / T(4, 1) : A2

13 다음 그래프에 알맞은 명령어는 무엇인가?

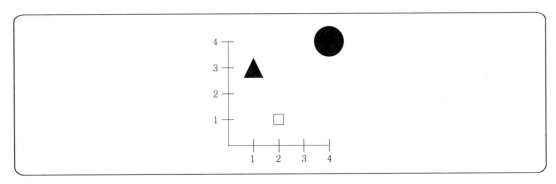

① W4 / L4

    Q(2, 1) : A1 / C(4, 4) : B3 / T(1, 3) : A2

② W4 / L4

    Q(2, 1) : A1 / C(4, 4) : B3 / T(1, 3) : B2

③ W4 / L5

    Q(2, 1) : A1 / C(4, 4) : A3 / T(1, 3) : B2

④ W4 / L5

    Q(2, 1) : B1 / C(4, 4) : B3 / T(1, 3) : B2

 W4 / L4

    Q(2, 1) : A1 / C(4, 4) : B3 / T(1, 3) : B2

14 W6 / L5 Q(1, 4) : B2 / T(3, 2) : A2 / C(4, 3) : B1의 그래프를 산출할 때, 오류가 발생하여 다음과 같은 그래프가 산출되었다. 다음 중 오류가 발생한 값은?

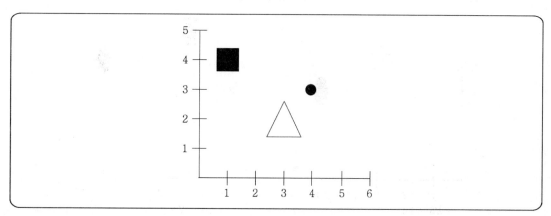

① W6 / L5

② Q(1, 4) : B2

③ T(3, 2) : A2

④ C(4, 3) : B1

✔해설 W6 / L5
Q(1, 4) : B2 / T(3, 2) : A3 / C(4, 3) : B1

┃15~16 ┃ 다음은 그래프 구성 명령어 실행 예시이다. 이를 참고하여 다음 물음에 답하시오.

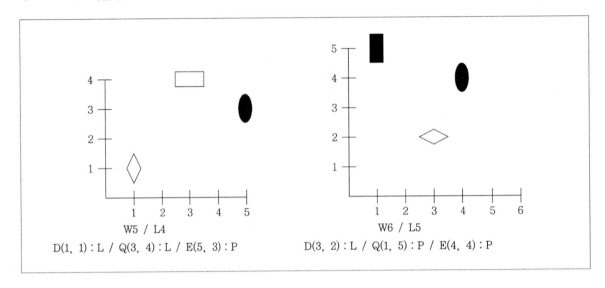

W5 / L4

D(1, 1) : L / Q(3, 4) : L / E(5, 3) : P

W6 / L5

D(3, 2) : L / Q(1, 5) : P / E(4, 4) : P

15 다음 그래프에 알맞은 명령어는 무엇인가?

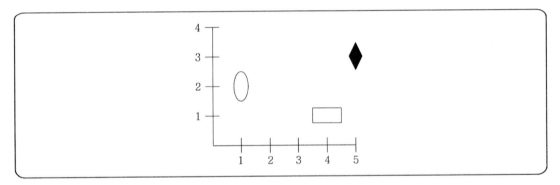

① W4 / L4

    D(5, 3) : P / Q(4, 1) : L / E(1, 2) : L

② W4 / L4

    D(5, 3) : P / Q(4, 1) : P / E(1, 2) : L

③ W5 / L4

    D(5, 3) : P / Q(4, 1) : L / E(1, 2) : L

④ W5 / L4

    D(5, 3) : P / Q(4, 1) : P / E(1, 2) : L

    ✔ 해설   W5 / L4

        D(5, 3) : P / Q(4, 1) : L / E(1, 2) : L

16 W5 / L5 D(3, 2):P / Q(4, 4):L / E(1, 3):P의 그래프를 산출할 때, 오류가 발생하여 다음과 같은 그래프가 산출되었다. 다음 중 오류가 발생한 값은?

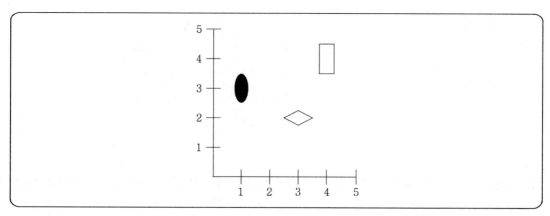

① W5 / L5

② D(3, 2):P

③ Q(4, 4):L

④ E(1, 3):P

 해설 W5 / L5

D(3, 2):L / Q(4, 4):L / E(1, 3):P

▌17~20 ▐ 다음 표를 참고하여 질문에 답하시오.

스위치	기능
♤	1번과 2번 기계를 180도 회전함
♠	1번과 3번 기계를 180도 회전함
♡	2번과 3번 기계를 180도 회전함
♥	3번과 4번 기계를 180도 회전함

17 처음 상태에서 스위치를 두 번 눌렀더니 화살표 모양과 같은 상태로 바뀌었다. 어떤 스위치를 눌렀는가?

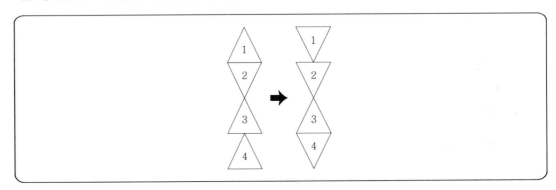

① ♠ ♥　　　　　　　　② ♤ ♡

③ ♤ ♠　　　　　　　　④ ♡ ♥

✔해설 ㉠ 1번과 3번 기계를 180도 회전시킨다.
　　　　㉡ 3번과 4번 기계를 180도 회전시킨다.

18 처음 상태에서 스위치를 한 번 눌렀더니 화살표 모양과 같은 상태로 바뀌었다. 어떤 스위치를 눌렀는가?

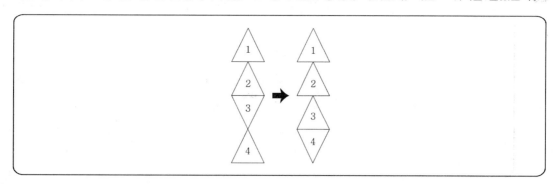

① ♤

② ♠

③ ♡

④ ♥

✔해설 3번과 4번 기계를 180도 회전시키면 된다.

19 처음 상태에서 스위치를 세 번 눌렀더니 화살표 모양과 같은 상태로 바뀌었다. 어떤 스위치를 눌렀는가?

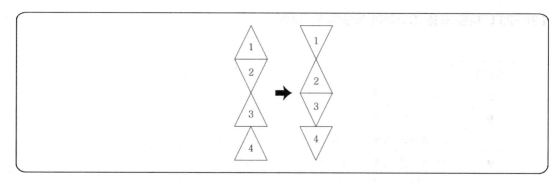

① ♤ ♡ ♥

② ♤ ♠ ♡

③ ♡ ♥ ♠

④ ♡ ♥ ♤

✔해설 ㉠ 2번과 3번 기계를 180도 회전시킨다.
ㅤㅤㅤ㉡ 3번과 4번 기계를 180도 회전시킨다.
ㅤㅤㅤ㉢ 1번과 3번 기계를 180도 회전시킨다.

20 처음 상태에서 스위치를 두 번 눌렀더니 화살표 모양과 같은 상태로 바뀌었다. 어떤 스위치를 눌렀는가?

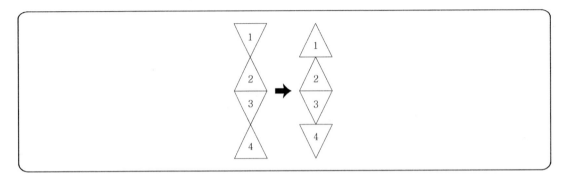

① ♤ ♡   ② ♠ ♥

③ ♤ ♥   ④ ♠ ♡

✔해설 ㉠ 1번과 3번 기계를 180도 회전시킨다.
㉡ 3번과 4번 기계를 180도 회전시킨다.

┃21~23┃ 다음 표를 참고하여 물음에 답하시오.

스위치	기능
♤	1번과 2번 기계를 오른쪽으로 180도 회전시킨다.
♠	1번과 3번 기계를 오른쪽으로 180도 회전시킨다.
♡	2번과 3번 기계를 오른쪽으로 180도 회전시킨다.
♥	3번과 4번 기계를 오른쪽으로 180도 회전시킨다.
♧	1번 기계와 4번 기계의 작동상태를 다른 상태로 바꾼다. (운전→정지, 정지→운전)
♣	2번 기계와 3번 기계의 작동상태를 다른 상태로 바꾼다. (운전→정지, 정지→운전)
◉	모든 기계의 작동상태를 다른 상태로 바꾼다. (운전→정지, 정지→운전)
	△=운전, ▲=정지

21 처음 상태에서 스위치를 세 번 눌렀더니 화살표 모양과 같은 상태로 바뀌었다. 어떤 스위치를 눌렀는가?

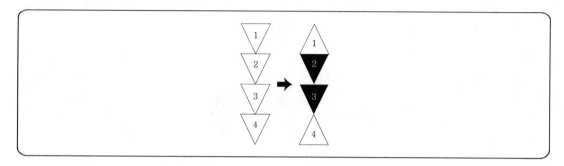

① ♤ ♡ ♧
② ♠ ♥ ♣
③ ♤ ♥ ♧
④ ♠ ♡ ♣

 ㉠ 1번 기계와 3번 기계를 오른쪽으로 180도 회전시킨다.
㉡ 3번 기계와 4번 기계를 오른쪽으로 180도 회전시킨다.
㉢ 2번 기계와 3번 기계의 작동상태를 다른 상태로 바꾼다.
(운전→정지, 정지→운전)

22 처음 상태에서 스위치를 세 번 눌렀더니 화살표 모양과 같은 상태로 바뀌었다. 어떤 스위치를 눌렀는가?

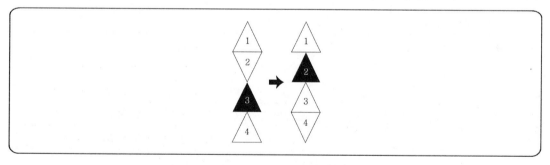

① ♤ ♠ ♣
② ♡ ♥ ♧
③ ♡ ♥ ♣
④ ♠ ♥ ♣

 ㉠ 2번 기계와 3번 기계를 오른쪽 방향으로 180도 회전시킨다.
㉡ 3번 기계와 4번 기계를 오른쪽 방향으로 180도 회전시킨다.
㉢ 2번 기계와 3번 기계의 작동상태를 다른 상태로 바꾼다.
(운전→정지, 정지→운전)

23 처음 상태에서 스위치를 세 번 눌렀더니 화살표 모양과 같은 상태로 바뀌었다. 어떤 스위치를 눌렀는가?

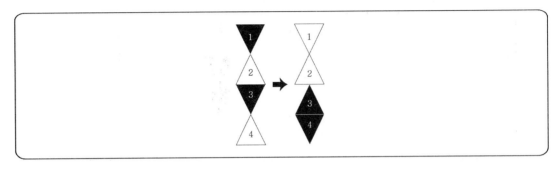

① ◉ ♡ ♧　　　　　　　　　　　② ♡ ♧ ♥

③ ♥ ♧ ♣　　　　　　　　　　　④ ♥ ◉ ♣

> **✔해설** ㉠ 3번 기계와 4번 기계를 오른쪽으로 180도 회전한다.
> ㉡ 모든 기계의 작동상태를 다른 상태로 바꾼다.(운전 → 정지, 정지 → 운전)
> ㉢ 2번 기계와 3번 기계의 작동상태를 다른 상태로 바꾼다.(운전 → 정지, 정지 → 운전)

▌24~25▐ 다음 표를 참고하여 이어지는 물음에 답하시오.

스위치	기능
★	1번, 3번 도형을 시계 방향으로 90도 회전함
☆	2번, 4번 도형을 시계 방향으로 90도 회전함
▲	1번, 2번 도형을 시계 반대 방향으로 90도 회전함
△	3번, 4번 도형을 시계 반대 방향으로 90도 회전함
◆	1번, 4번 도형을 180도 회전함
◇	2번, 3번 도형을 180도 회전함

24 처음 상태에서 스위치를 두 번 눌렀더니 다음과 같이 바뀌었다. 어떤 스위치를 눌렀는가?

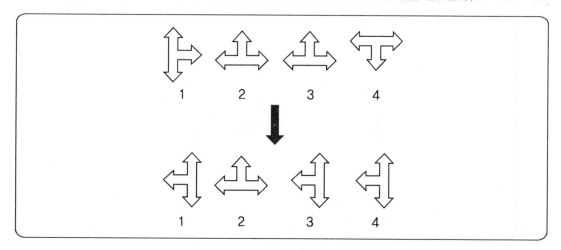

① ☆, ◇
② ▲, ★
③ △, ◇
④ ◆, △

✔해설 ◆, △를 누르면 다음과 같은 순서로 변화하게 된다.

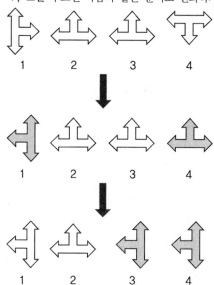

25 처음 상태에서 스위치를 세 번 눌렀더니 다음과 같이 바뀌었다. 어떤 스위치를 눌렀는가?

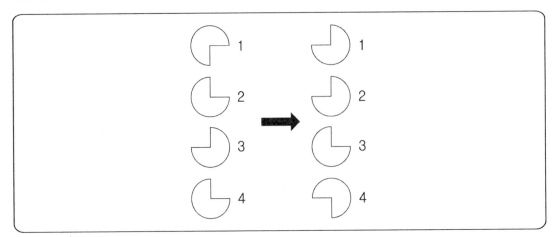

① ▲, ◆, △   ② △, ★, ◇

③ ★, ▲, ◆   ④ ★, ◇, △

✔️ **해설** ★, ▲, ◆를 누르면 다음과 같은 순서로 변화하게 된다.

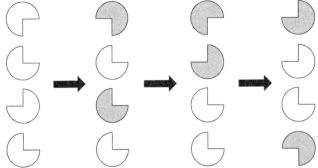

▌26~27 ▌ 다음은 테블릿 PC의 사용설명서이다. 이를 보고 물음에 답하시오.

[고장이라고 생각하기 전에]	
이런 증상일 때는?	**이렇게 확인하세요.**
제품 사용 중 입력이 되지 않거나 화면이 멈추고 꺼질 때	잠금/전원 버튼을 8초 이상 누를 경우 자동 전원 리셋되며, 작동하지 않을 경우 15초 이상 누르면 전원이 꺼집니다. 제품의 전원을 끈 후 다시 켤 때는 약 5초 정도 경과 후 켜 주세요. 그래도 변함이 없다면 배터리를 충분히 충전시킨 후 사용해 보거나 고객상담실로 문의 후 가까운 서비스센터에서 제품확인을 받으세요.
제품에서 열이 날 때	게임, 인터넷 등을 오래 사용하면 열이 발생할 수도 있습니다. 제품의 수명과 성능에는 영향이 없습니다.
충전 중 터치 오작동 또는 동작 안 할 때	미 인증 충전기 사용 시 발생할 수 있습니다. 제품 구매 시 제공된 충전기를 사용하세요.
배터리가 충분히 남았는데 제품이 켜지지 않을 때	고객상담실로 문의 후 가까운 서비스센터에서 제품 확인을 받으세요.
제품에 있는 데이터가 지워졌을 때	제품 재설정, 고장 등으로 인해 데이터가 손상된 경우에 백업한 데이터가 없으면 복원할 수 없습니다. 이를 대비하여 미리 데이터를 백업하세요. 제조업체는 데이터 유실에 대한 피해를 책임지지 않으니 주의하세요.
사진을 찍으려는데 화면이 깨끗하지 않을 때	카메라 렌즈에 이물질이 묻어 있을 수 있으니 부드러운 천으로 깨끗이 닦은 후, 사용해 보세요.
사용 중 화면이 어두워질 때	제품 온도가 너무 높거나, 배터리 레벨이 낮아지면 사용자 안전과 절전을 위해 화면 밝기가 제한될 수 있습니다. 제품 사용을 잠시 중단하고 배터리 충전 후 재사용 해 주시기 바랍니다.
사진/동영상, 멀티미디어 콘텐츠가 재생되지 않을 때	부가 서비스 업체에서 공식 제공된 콘텐츠를 지원합니다. 그 외 인터넷을 통해 유포되는 콘텐츠(동영상, 배경화면 등)는 재생되지 않을 수 있습니다.
충전전류 약함 현상 알림 문구가 뜰 때	USB케이블로 PC와 제품을 연결해서 충전을 하는 경우 또는 비정품 충전기로 충전을 하는 경우 전류량이 낮아 충전이 늦어질 수 있어 충전 지연 현상 알림 문구가 표시됩니다. 제품 구매 시 제공된 정품 충전기로 충전하세요. 정품 충전기 사용 시 충전 지연 현상 알림 문구는 표시되지 않습니다.

26 제품을 사용하다 갑자기 화면이 멈추고 꺼질 경우 이에 대한 대처방법으로 적절한 것은?

① 제품 온도가 너무 높을 경우이므로 제품사용을 잠시 중단한다.

② 제품구매시 제공된 정품 충전기를 사용하여 충전한다.

③ 전원을 끈 후 5초 후 다시 켠다.

④ 오래 사용한 것이므로 잠시 제품사용을 중단한다.

> ✔해설 잠금/전원 버튼을 8초 이상 누를 경우 자동 전원 리셋되며, 작동하지 않을 경우 15초 이상 누르면 전원이 꺼집니다. 제품의 전원을 끈 후 다시 켤 때는 약 5초 정도 경과 후 켜 주세요. 그래도 변함이 없다면 배터리를 충분히 충전시킨 후 사용해 보거나 고객상담실로 문의 후 가까운 서비스센터에서 제품확인을 받으세요.

27 배터리가 충분히 남아있는데도 불구하고 전원이 켜지지 않을 경우 이에 대한 대처방법으로 적절한 것은?

① 고객상담실로 문의 후 가까운 서비스센터를 방문한다.

② 정품 충전기를 사용하여 다시 충전을 한다.

③ 전원버튼을 8초 이상 눌러 리셋을 시킨다.

④ 전원버튼을 15초 이상 눌러 완전히 전원을 끈 후 다시 켠다.

> ✔해설 고객상담실로 문의 후 가까운 서비스센터에서 제품 확인을 받으세요.

| 28~29 | 다음은 포켓파이의 사용 설명서이다. 각 물음에 답하시오.

전원 켜기 · 끄기 / 절전모드 진입 · 해제

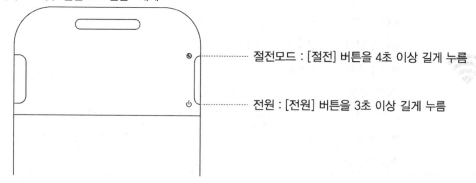

절전모드 : [절전] 버튼을 4초 이상 길게 누름

전원 : [전원] 버튼을 3초 이상 길게 누름

① 전원 켜기
- [전원] 버튼을 약 3초간 길게 누르면 전면의 LED가 점등됩니다.
- 모든 LED가 파란색으로 순차 점멸하는 부팅 과정이 끝나면 사용이 가능합니다.

② 전원 끄기 : 전원이 켜진 상태에서 [전원] 버튼을 약 3초간 길게 누르면 모든 LED가 소등되며 전원이 꺼집니다.

③ 절전모드 진입
- [절전] 버튼을 약 4초간 길게 누르면 모든 LED가 꺼진 후 절전모드로 진입합니다.
- 절전모드 상태에서 전원 버튼을 짧게 눌러 배터리 LED를 통해 절전 상태임을 확인할 수 있습니다.

④ 절전모드 해제
  [절전] 버튼을 약 4초간 길게 누르면 모든 LED가 현재 상태를 표시하며 절전모드가 해제됩니다.

LED 확인

LTE 신호세기 LED	
파란색 점등	LTE 신호세기 (강)
분홍색 점등	LTE 신호세기 (중)
빨간색 점등	LTE 신호세기 (약)
빨간색 점멸	LTE 서비스 음영 지역
파란색 점멸	LTE 네트워크 접속 중
분홍색 점멸	LTE 네트워크 접속 실패/인증 오류

	WiFi LED	
	파란색 점등	2.4GHz WiFi 동작 중
	녹색 점등	5GHz WiFi 동작 중
	노란색 점등	블루투스 절전 통신 상태
	노란색 점멸	블루투스 페어링 상태
	파란색 점멸	2.4GHz Guest WiFi 동작 중
	녹색 점멸	5GHz Guest WiFi 동작 중
	분홍색 점등	문자 메시지 수신 및 미확인 문자 메시지 존재
	빨간색 점등	Web 설정 화면에서 지정한 일/월별 알림 데이터 사용량 초과
	빨간색 점멸	Web 설정 화면에서 지정한 일/월별 최대 데이터 사용량 초과
	배터리 LED	
	파란색 점등	배터리 잔량 100 ~ 50% 또는 충전 완료 (충전기 연결 시)
	분홍색 점등	배터리 잔량 49 ~ 20%
	빨간색 점등	배터리 잔량 19 ~ 2% 또는 충전 진행 중 (충전기 연결 시)
	빨간색 점멸	배터리 잔량 1% 미만
	기타 상태 표시 LED	
	분홍색 동시 점멸	소프트웨어 업데이트 중
	빨간색 동시 점멸	제품 초기화
	파란색 동시 점멸	개통된 USIM 카드 삽입 후 최종 개통 진행 중
	빨간색 & 분홍색 교차 점멸	자동 개통 완료 (사용자에 의한 재시작 필요)
	파란색 & 분홍색 교차 점멸	USIM 카드 미장착/타사 USIM 카드 장착/USIM PIN Lock/PUK 코드 입력 대기 상태

28 전원을 켜기 위해서는 [전원] 버튼을 몇 초간 눌러야 하는가?

① 1초

② 2초

③ 3초

④ 4초

✔해설 [전원] 버튼을 약 3초간 길게 누르면 전면의 LED가 점등된다.

29 [전원]이 켜졌을 때 LED에 무슨 색 불이 켜지면 사용이 가능한가?

① 빨간색

② 파란색

③ 분홍색

④ 노란색

✔해설 모든 LED가 파란색으로 순차 점멸하는 부팅 과정이 끝나면 사용이 가능하다.

Answer 28.③ 29.②

┃30~31┃ 다음은 광파오븐기의 사용설명서에 나타난 조치사항에 대한 내용이다. 물음에 답하시오.

고장신고 전에 확인하세요.
제품 사용 중 아래의 증상이 나타나면 다시 한 번 확인해 주세요. 고장이 아닐 수 있습니다.

증상	조치방법
진행표시부에 불이 들어오지 않아요	절전 기능이 설정되어 있습니다. 제품 문을 열거나 취소 버튼을 누른 후 사용하세요. 220볼트 콘센트에 꽂혀 있는지 확인하세요.
실내 조리등이 꺼져요	절전 기능이 설정되어 있습니다. 제품 문을 열거나 취소 버튼을 누른 후 사용하세요.
버튼을 눌러도 작동되지 않아요.	제품 문에 덮개 등 이물질이 끼어 있는지 확인한 후 제품 문을 잘 닫고 눌러 보세요. 혹시 잠금장치 기능이 설정되어 있을 수 있습니다. 취소 버튼을 4초간 누르면 잠금기능이 해제됩니다.
내부에서 연기나 악취가 나요	음식찌꺼기, 기름 등이 내부에 붙어 있을 수 있습니다. 항상 깨끗이 청소해 주세요. 탈취 기능을 사용하세요.
제품 작동시 옆으로 바람이 나와요	냉각팬이 작동되어 바람의 일부가 내부 전기부품을 식혀주기 위해 옆으로 나올 수 있습니다. 고장이 아니므로 안심하고 사용하세요.
처음 사용할 때 냄새가 나요	제품을 처음 사용시 히터 등 내부부품이 가열되면서 타는 냄새가 나거나 소리가 날 수 있습니다. 사용상 문제가 없으니 안심하고 사용하세요. 탈취기능을 5~10분 사용하면 초기 냄새가 빨리 없어집니다.
조리 후 문이나 진행 표시부에 습기가 생겨요	조리 완료 후 음식물을 꺼내지 않고 방치하면 습기가 찰 수 있으므로 문을 열어 두세요.
조리 중에 불꽃이 일어나요	조리실 내부에 알루미늄 호일이나 금속이 닿지 않았는지 확인하세요. 금선이나 은선이 있는 그릇은 사용하지 마세요.
시작 버튼을 눌러도 동작을 하지 않아요	문이 제대로 닫혀 있지 않은 경우 시작 버튼을 누르면 표시창에 'door'라고 표시됩니다. 문틈에 이물질이 끼어 있는지 확인하고 문을 제대로 닫았는데도 동작하지 않으면 전원코드를 뽑고 서비스 기사에게 전화해 주세요.

30 광파오븐기를 작동시키려고 하는데 자꾸 실내 조리등이 꺼진다. 이럴 경우 적절한 조치 방법은?

① 콘센트에 전원이 제대로 꽂혀 있는지 확인한다.

② 조리실 내부에 금속이나 알루미늄 호일 등이 있는지 확인한다.

③ 제품의 문을 열거나 취소버튼을 누른 후 사용한다.

④ 음식물에 랩 또는 뚜껑을 벗겼는지 확인한다.

✔해설 절전 기능이 설정되어 있습니다. 제품 문을 열거나 취소 버튼을 누른 후 사용하세요.

31 아무리 시작 버튼을 눌러도 제품이 작동을 하지 않을 경우 취할 수 있는 적절한 조치로 알맞은 것은?

① 문을 다시 연 후 취소버튼을 누르고 사용한다.

② 취소 버튼을 4초간 누른다.

③ 문을 제대로 닫았는지 확인한다.

④ 내부를 깨끗이 청소를 한 후 다시 눌러 본다

✔해설 제품 문에 덮개 등 이물질이 끼어 있는지 확인한 후 제품 문을 잘 닫고 눌러 보세요. 혹시 잠금장치 기능이 설정되어 있을 수 있습니다. 취소버튼을 4초간 누르면 잠금 기능이 해제됩니다.

Answer 30.③ 31.③

| 32~34 | 다음은 부기보드의 제품 설명서이다. 각 물음에 답하시오.

기술사양

① 치수
- 제품 크기 : 283mm×190×11 (11.1인치×7.5×0.4)
- LCD 크기 : 241mm (9.5인치)

② 무게
- 제품 무게 : 312g (11온스)

③ 온보드 메모리
- 용량 : 최대 1,000개의 PDF 파일

④ 연결성
- Bluetooth 2.1+EDR
  - 비행기 모드 : 지우기 버튼을 누르고 있는 동안 전원 켜짐
  - Bluetooth® 페어링 모드 : 저장 버튼을 누르고 있는 동안 전원 켜짐
- 마이크로USB 포트

⑤ 전원
- 켜기/끄기 버튼
- 한 번의 충전으로 일반적으로 최대 일주일 사용
- 절전 모드 : 1시간의 비활성 후

⑥ 색
- 장식을 위한 오렌지색 및 검은색

⑦ 호환성
- Mac OSX 10.8 이상
- Windows (Vista, 7, 8)
- Android 및 iOS(모바일 앱)

⑧ 보관
- 보관 온도 : -10℃ ~ 65℃(15℉ ~ 145℉) 온도 범위에서 보관
- 작동 온도 : 10℃ ~ 40℃(50℉ ~ 100℉) 온도 범위에서 작동

문제 해결

문제	솔루션
Boogie Board Sync가 반응하지 않습니다. 어떻게 해야 합니까?	1. 켜거나 끄려면 전원 버튼을 누르십시오. 2. USB 케이블을 연결해 Boogie Board Sync eWriter를 반드시 완전히 충전해 두십시오. 3. Boogie Board Sync eWriter를 뒤집어 리셋 버튼의 위치를 찾으십시오. 뭉툭한 핀이나 작은 물체를 이용해 버튼을 누르십시오.
노트 내용과 그림이 기기의 메모리에 저장되지 않습니다.	1. 쓰기는 반드시 제공된 Sync Stylus로 하시기 바랍니다. 상태표시등은 펜이 Boogie Board Sync eWriter에 댈 때 녹색으로 깜빡여야 합니다. 2. 그리기를 마친 후 이미지를 지우기 전에 저장 버튼을 실제로 눌러 파일을 메모리에 저장하도록 하십시오. 3. 기기는 반드시 충전된 상태여야 합니다. 4. 기기의 메모리는 꽉 채우지 않도록 하십시오(꽉 채우면 쓰기를 할 때 상태표시등이 적색으로 깜빡이게 됩니다). 5. 기기가 마이크로 USB 케이블을 통해 컴퓨터에 연결되지 않도록 하십시오. 연결 상태에서는 저장 기능이 작동되지 않습니다. 기기가 무선 연결된 경우에서는 저장이 가능합니다. 6. 뒷면의 리셋 기능으로 데이터가 사라지지 않습니다.
연결시켰는데도 Boogie Board Sync eWriter에 쓰기를 할 때 컴퓨터에 아무 것도 나타나지 않습니다.	먼저 웹사이트 http://www.improvelectronics.com/support/downloads/에서 Sync Virtual Download Companion(VDC)을 내려 받아 시작해야 합니다.

32 펜이 Boogie Board Sync eWriter에 댈 때 상태표시등은 무슨 색으로 깜빡여야 하는가?

① 노란색　　　　　　　　　　　　② 적색

③ 파란색　　　　　　　　　　　　④ 녹색

> ✔해설　④ 상태표시등은 펜이 Boogie Board Sync eWriter에 댈 때 녹색으로 깜빡여야 한다.

33 Boogie Board Sync가 반응하지 않을 때, 해결 방안으로 적절하지 않은 것은?

① 뭉툭한 핀이나 작은 물체를 이용해 리셋 버튼을 누른다.

② 리셋 버튼을 눌러 데이터를 삭제한다.

③ 켜거나 끄려면 전원 버튼을 누른다.

④ USB 케이블을 연결해 Boogie Board Sync eWriter를 반드시 완전히 충전해 둔다.

> ✔해설　Boogie Board Sync가 반응하지 않을 때의 해결방안
> ㉠ 켜거나 끄려면 전원 버튼을 누르십시오.
> ㉡ USB 케이블을 연결해 Boogie Board Sync eWriter를 반드시 완전히 충전해 두십시오.
> ㉢ Boogie Board Sync eWriter를 뒤집어 리셋 버튼의 위치를 찾으십시오. 뭉툭한 핀이나 작은 물체를
> 이용해 버튼을 누르십시오.

34 기기의 메모리를 꽉 채우면 쓰기를 할 때 상태표시등은 무슨 색으로 깜빡이는가?

① 노란색　　　　　　　　　　　　② 적색

③ 파란색　　　　　　　　　　　　④ 녹색

> ✔해설　② 꽉 채우면 쓰기를 할 때 상태표시등이 적색으로 깜빡이게 된다.

하드 디스크 교환하기
1. 데이터 백업하기
2. 하드 디스크 교환하기
3. 시스템 소프트웨어 재설치하기
4. 백업한 데이터를 PS4에 복사하기

※ 주의사항
• 하드 디스크를 교환하실 때는 AC 전원 코드의 플러그를 콘센트에서 빼 주십시오. 또한 어린이의 손이 닿지 않는 곳에서 해 주십시오. 나사 등의 부품을 실수로 삼킬 위험이 있습니다.
• 본 기기를 사용한 직후에는 본체 내부가 뜨거워져 있습니다. 잠시 그대로 두어 내부열을 식힌 후 작업을 시작해 주십시오.
• 부품 사이에 손가락이 끼거나, 부품의 모서리에 손이나 손가락이 다치지 않도록 충분히 주의해 주십시오.
• 전원을 켤 때는 반드시 HDD 베이 커버를 고정해 주십시오. HDD 베이 커버가 분리되어 있으면 본체 내부 온도 상승의 원인이 됩니다.
• 하드 디스크는 충격이나 진동, 먼지에 약하므로 주의해서 다루어 주십시오.
－진동이 있거나 불안정한 장소에서 사용하거나 강한 충격을 가하지 마십시오.
－내부에 물이나 이물질이 들어가지 않게 하십시오.
－하드 디스크의 단자부를 손으로 만지거나 이물질을 넣지 마십시오. 하드 디스크 고장 및 데이터 파손의 원인이 됩니다.
－하드 디스크 근처에 시계 등의 정밀기기나 마그네틱 카드 등을 두지 마십시오. 기기 고장이나 마그네틱 카드 손상의 원인이 됩니다.
－위에 물건을 얹지 마십시오.
－고온다습하거나 직사광선이 비추는 장소에 두지 마십시오.
• 나사를 조이거나 풀 때는 나사의 크기에 맞는 드라이버를 사용해 주십시오. 사이즈가 맞지 않으면 나사 머리의 홈이 으스러지는 경우가 있습니다.
• 데이터는 정기적으로 백업해 두시기를 권장합니다. 어떤 원인으로 데이터가 소실/파손된 경우, 데이터를 복구/복원할 수 없습니다. 데이터가 소실/피손되어도 당사는 일절 책임을 지지 않습니다. 이 점 양해해 주십시오.
• 시스템 소프트웨어를 설치 중에는 PS4의 전원을 끄거나 USB저장장치를 빼지 마십시오. 설치가 도중에 중단되면 고장의 원인이 됩니다.
• 시스템 소프트웨어 설치중에는 본체의 전원 버튼 및 컨트롤러의 PS 버튼이 기능하지 않게 됩니다.

게임의 저장 데이터 백업하기
PS4에 저장된 게임의 저장 데이터를 USB 저장장치에 복사할 수 있습니다. 필요에 따라 백업해 주십시오.
1. 본체에 USB 저장장치를 연결합니다.
2. 기능 영역에서 설정을 선택합니다.
3. 애플리케이션 저장 데이터 관리 → 본체 스트리지의 저장 데이터 → USB 저장장치에 복사하기를 선택합니다.
4. 타이틀을 선택합니다.
5. 복사할 저장 데이터의 체크 박스에 체크 표시를 한 후 복사를 선택합니다.

35 다음 중 하드 디스크를 교환할 경우 제일 먼저 행해야 할 행동은 무엇인가?

① 데이터 백업하기
② 하드 디스크 교환하기
③ 시스템 소프트웨어 재설치하기
④ 백업한 데이터를 PS4에 복사하기

✔해설 가장 먼저 데이터를 백업하여야 한다.

36 하드 디스크 교환시 주의사항으로 옳지 않은 것은?

① 하드 디스크를 교환할 때에는 AC 전원 코드의 플러그를 콘센트에서 빼야 한다.
② 내부에 물이나 이물질이 들어가지 않게 하여야 한다.
③ 나사를 조이거나 풀 때는 나사의 크기에 상관없이 십자 드라이버를 사용해야 한다.
④ 시스템 소프트웨어를 설치 중에는 PS4의 전원을 끄거나 USB저장장치를 빼면 안 된다.

✔해설 나사를 조이거나 풀 때는 나사의 크기에 맞는 드라이버를 사용해야 한다. 사이즈가 맞지 않으면 나사 머리의 홈이 으스러지는 경우가 발생하기 때문이다.

37 게임의 저장 데이터 백업하는 방법으로 옳지 않은 것은?

① 본체에 USB 저장장치를 연결하여야 한다.
② 기능 영역에서 설정을 선택하도록 한다.
③ 애플리케이션 저장 데이터 관리 → 본체 스트리지의 저장 데이터 → USB 저장장치에 복사하기를 선택한다.
④ 타이틀을 선택하면 바로 복사가 시작된다.

✔해설 타이틀을 선택한 후 복사할 저장 데이터의 체크 박스에 체크 표시를 한 후 복사를 선택하면 복사가 시작된다.

Answer 35.① 36.③ 37.④

압력밥솥으로 맛있는 밥짓기

쌀은 계량컵으로! 물은 내솥눈금으로 정확히!	• 쌀은 반드시 계량컵을 사용하여 정확히 계량합니다.(시중에 유통되고 있는 쌀통은 제품에 따라 쌀의 양이 다소 차이가 날 수도 있습니다.) • 물의 양은 내솥을 평평한 곳에 놓고 내솥의 물 높이에 맞춥니다.	쌀의 양과 물의 양이 맞지 않으면 밥이 퍼석하거나 설익거나 질게 될 수가 있습니다.
쌀은 보관방법이 중요	• 쌀은 가급적이면 소량으로 구입하여 통풍이 잘되고 직사광선이 없는 서늘한 곳에 쌀의 수분이 잘 증발되지 않도록 보관합니다. • 쌀을 개봉한 지 오래되어 말라 있는 경우는 물을 반눈금 정도 더 넣고 취사를 하면 좋습니다.	쌀이 많이 말라 있는 경우는 계량을 정확히 하더라도 밥이 퍼석할 수가 있습니다.
예약 취사 시간은 짧을수록 좋습니다!	쌀이 많이 말라 있는 경우는 가급적 예약 취사를 피하시고 물을 반눈금 정도 더 넣고 취사합니다.	10시간 이상 예약취사하거나 말라있는 쌀을 예약취사할 경우는 밥이 퍼석하거나 설익을 수가 있으며 심한 경우는 층밥이 될 수도 있습니다. 예약 설정 시간이 길어질수록 멜라노이징 현상이 증가할 수 있습니다.
보온시간은 짧을수록 좋습니다!	보온은 12시간 이내로 하는 것이 좋습니다.	장시간 보온을 하게되면 밥색깔이 변하거나 밥에서 냄새가 날 수도 있습니다.
제품은 깨끗하게	청소를 자주 하십시오. 특히, 뚜껑부에 이물질이 묻어 있지 않도록 자주 닦아 주십시오.	청소를 자주 하지 않으면 세균이 번식하여 보온시 밥에서 냄새가 날 수 있습니다.

고장 신고 전에 확인하십시오.

상태	확인사항	조치사항
밥이 되지 않을 때	[취사/쾌속]버튼을 눌렀습니까?	원하는 메뉴 선택 후 반드시 [취사/쾌속] 버튼을 1회 눌러 화면에 '취사 중' 문구가 표시되는지 확인하십시오.
밥이 설익거나 퍼석할 때 또는 층밥이 될 때	계량컵을 사용하셨습니까?	쌀의 양을 계량컵을 사용하여 정확히 계량하여 주십시오. 쌀을 계량컵의 윗면 기준하여 평평하게 맞추면 1인분에 해당됩니다.
	물 조절은 정확히 하셨습니까?	물 조절을 정확히 하십시오. 바닥이 평평한 곳에 내솥을 올려 놓고 내솥에 표시된 눈금에 맞춰 물의 양을 조절하십시오. 내솥에 표시된 눈금을 쌀과 물을 함께 부었을 때의 물눈금을 표시합니다.

콩(잡곡/현미)이 설익을 때	콩(잡곡/현미)이 너무 마르지 않았습니까?	콩(현미/잡곡)을 불리거나 삶아서 잡곡메뉴에서 취사를 하십시오. 잡곡의 종류에 따라 설익을 수도 있습니다.
밥이 너무 질거나 된밥일 때	물 조절은 정확히 하셨습니까?	물 조절을 정확히 하십시오. 바닥이 평평한 곳에 내솥을 올려 놓고 내솥에 표시된 눈금에 맞춰 물의 양을 조절하십시오. 내솥에 표시된 눈금은 쌀과 물을 함께 부었을 때의 물눈금을 표시합니다.
취사 도중 밥물이 넘칠 때	계량컵을 사용하셨습니까?	쌀의 양을 계량컵을 사용하여 정확히 계량하여 주십시오. 쌀을 계량컵의 윗면 기준으로 평평하게 맞추면 1인분에 해당됩니다.
밥이 심하게 눌을 때	온도감지기, 내솥 외면에 밥알이 심하게 눌어 붙어 있거나 이물질이 있지는 않습니까?	온도감지기, 내솥외면의 이물질을 제거하여 주십시오.
보온 중 냄새가 날 때	12시간 이상 보온하였거나 너무 적은 밥을 보온하지 않았습니까?	보온시간은 가능한 12시간 이내로 하십시오.
보온 중 보온경과 시간 표시가 깜빡일 때	보온 후 24시간이 경과하지 않으셨습니까?	보온 24시간이 경과하면 보온이 장시간 경과 되었음을 알리는 기능입니다.
뚜껑 사이로 증기가 누설되거나 '삐'하는 휘파람 소리가 날 때	패킹에 이물질(밥알 등)이 묻어 있지 않습니까?	패킹을 행주나 부드러운 헝겊으로 깨끗이 닦은 후 사용하십시오.
취사 또는 요리 중 [취소]버튼이 눌러지지 않을 때	내솥의 내부가 뜨겁지 않습니까?	취사 또는 요리 중 부득이 하게 취소할 경우 내솥 내부 온도가 높으면 안전을 위해 [취소]버튼을 1초간 눌러야 취사 또는 요리가 취소됩니다.
LCD화면에 아무것도 나타나지 않고, 상태 LED에 보라색이 점등 될 때	LCD 통신에 이상이 있을 때 나타납니다.	전원을 차단한 후 고객상담실로 문의하십시오.
취사나 보온시 이상한 소음이 날 때	취사 및 보온 중 '찌'하는 소리가 납니까?	취사 및 보온 중 '찌'하는 소리는 IH 압력밥솥이 동작될 때 나는 소리입니다. 정상입니다.

38 다음 중 보온의 적정시간은 얼마인가?

① 8시간

② 12시간

③ 18시간

④ 24시간

> ✔해설 보온은 12시간 이내로 하는 것이 좋습니다.

39 다음 중 압력밥솥을 이용하여 맛있는 밥짓기 방법이 아닌 것은?

① 쌀과 물은 계량컵을 사용하여 눈금에 정확히 맞춘다.

② 쌀은 가급적이면 소량으로 구입하여 통풍이 잘되고 직사광선이 없는 서늘한 곳에 쌀의 수분이 잘 증발되지 않도록 보관한다.

③ 쌀이 많이 말라 있는 경우는 가급적 예약취사를 피하고 물을 반눈금 정도 너 넣고 취사한다.

④ 뚜껑부에 이물질이 묻어 있지 않도록 자주 닦아 주도록 한다.

> ✔해설 쌀은 반드시 계량컵을 사용하여 정확히 계량하여 넣으며, 물의 양은 내솥을 평평한 곳에 놓고 내솥의 물 높이에 맞춘다.

40 취사 또는 요리 중 [취소]버튼이 눌러지지 않을 때의 조치사항으로 옳은 것은?

① 패킹을 행주나 부드러운 헝겊으로 깨끗이 닦은 후 사용한다.

② 쌀의 양을 계량컵을 사용하여 정확히 계량하여 사용한다.

③ [취소]버튼을 1초간 눌러 준다.

④ 전원을 차단한 후 고객상담실로 문의한다.

> ✔해설 취사 또는 요리 중 부득이 하게 취소할 경우 내솥 내부 온도가 높으면 안전을 위해 [취소]버튼을 1초간 눌러야 취사 또는 요리가 취소된다.

Answer 38.② 39.① 40.③

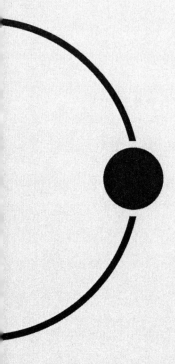

Chapter 포스코 상식

PART

III

상식

포스코 상식

1 포스코의 경영이념에 해당하는 것은?

① 더불어 함께 발전하는 지역사회

② 동반 성장하는 구성원

③ 더불어 함께 발전하는 기업시민

④ 한계를 뛰어넘는 가능성

> ✔ 해설 포스코 경영이념 … '더불어 함께 발전하는 기업시민'으로 포스코 스스로가 사회 구성원의 일원이 되어 여러 이해관계자와 더불어 함께 발전하고, 배려와 공존, 공생의 가치를 함께 추구해 나가고자 한다.

2 2050 탄소중립 달성을 향한 포스코그룹의 모든 친환경 활동과 사업을 대표하는 마스터브랜드는 무엇인가?

① INNOVILT

② Greenate

③ e Autopos

④ Greenable

> ✔ 해설 ② Greenate(그리닛)은 '그린(green)'이 '되게 하다(-ate)'라는 의미의 합성어로 포스코그룹의 모든 친환경 활동과 사업을 대표하는 마스터브랜드이다.

3 포스코의 '2050 탄소중립 기본 로드맵'의 내용이 아닌 것은?

① 미래지향적인 친환경 제품 개발

② 전기로 신설 및 기존 설비 활용 저탄소 BRIDGE 기술개발

③ 스마트화 및 공정기술 혁신 등 고효율 프로세스 구축

④ 저탄소 철강 제품 중심 판매 강화 및 선제적 투자 추진

> ✔ 해설 포스코의 '2050 탄소중립 기본 로드맵'
> • 전기로 신설 및 기존 설비 활용 저탄소 BRIDGE 기술개발
> • 저탄소 철강 제품 중심 판매 강화 및 선제적 투자 추진
> • 스마트화 및 공정기술 혁신 등 고효율 프로세스 구축

4 다음의 ( )에 공통적으로 들어갈 단어는?

> 전통적인 철강은 석탄을 태울 때 나오는 열과 가스로 철광석을 환원하고 녹여서 만든다. 하지만 포스코의 (   )은/는 석탄 대신 100% 수소를 사용해 가루 상태의 철광석을 직접 환원해 직접환원철을 생산하고 이를 전기로에서 녹여 쇳물을 제조한다. (   )의 연료로 사용하는 수소와 전력 역시, 점진적으로 CO_2 배출 없이 생산된 그린수소와 그린 전력으로 대체할 계획이다.

① Greenate

② HyREX

③ 수소전지

④ e Autopos

> ✔ 해설 포스코의 'HyREX'는 탄소 배출을 혁신적으로 줄이는 수소환원제철 기술로 석탄 대신 100% 수소를 사용해 가루 상태의 철광석을 직접 환원해 직접환원철(DRI, Direct Reduced Iron)을 생산하고 이를 전기로에서 녹여 쇳물을 제조한다.

Answer 1.③ 2.② 3.① 4.②

5 다음 중 포스코가 추구하는 브랜드 아이덴티티는 무엇인가?

① Advance the limit

② Unlimit the limit

③ Passion the limit

④ Innovation the limit

> **✔해설** Unlimit the Limit
> • 첨단 기술력 및 혁신으로 새로운 가능성과 의미를 찾는 포스코의 방식
> • 고객사의 니즈뿐만 아니라 최종 사용자에게 필요한 솔루션을 개척하는 포스코의 전문성
> • 함께하는 고객과 국민, 임직원들에게 긍정적인 변화를 제공하기 위한 포스코의 사명
> • 생활의 밀접한 부분에서부터 삶의 가치를 높이기 위한 포스코의 노력

6 다음 중 포스코(POSCO)의 인재상에 해당하는 것은?

① 정직과 바른 행동으로 역할과 책임을 다하는 인재

② 가치를 창조하는 창의적 인재, 세계화를 선도하는 글로벌 인재

③ 실천의식과 배려의 마인드를 갖춘 창의적 인재

④ 혁신적인 사고방식을 가지고 변화를 선도하는 인재

> **✔해설** 기업시민 포스코의 구성원인 임직원은 '실천'의식을 바탕으로 남보다 앞서 솔선하고, 겸손과 존중의 마인드로 '배려'할 줄 알며, 본연의 업무에 몰입하여 새로운 아이디어를 적용하는 '창의'적 인재를 지향한다.

7 다음 중 포스코(POSCO)의 행동강령에 해당하는 것으로만 묶인 것은?

① 실행, 실험, 실질   ② 실리, 실천, 실질

③ 실리, 실력, 실행   ④ 실행, 실리, 실질

> ✔해설 포스코 윤리경영 … 실질을 우선하고 실행을 중시하며 실리를 추구해 나가는 가치를 실천해 나간다. 형식보다는 실질을 우선하고, 보고보다는 실행을 중시하고, 명분보다는 실리를 추구함으로써 가치경영, 상생경영, 혁신경영을 실현해 나간다.

8 다음 중 포스코의 핵심가치로 알맞지 않은 것은?

① 창의   ② 행동

③ 윤리   ④ 상생

> ✔해설 포스코의 핵심가치는 '안전', '상생', '윤리', '창의'이다.
> • 안전 : 인간존중을 우선으로 직책보임자부터 솔선수범하여 실천우선의 안전행동을 체질화하는 것
> • 상생 : 배려와 나눔을 실천하고 공생발전을 추구하며, 사회적 가치창출을 통하여 함께 지속성장하는 것
> • 윤리 : 사회 구성원 간 상호신뢰를 기반으로 정도를 추구하고 신상필벌의 원칙을 지키는 것
> • 창의 : 열린 사고로 개방적인 협력을 통하여 문제를 주도적으로 해결하는 것

9 다음 중 포스코의 메가트렌드로 옳지 않은 것은?

① Neo Mobility

② Mega City

③ Lead technology

④ Eco Energy

> ✔해설 메가트렌드 … Neo Mobility, Mega City, Eco Energy
> • Neo Mobility : e Autopos
> • Mega City : 초장대교량, 하이퍼루프, 초고층건물, 스틸하우스, 안전난간대
> • Eco Energy : 풍력발전, 태양광발전, LNG 수송선, LNG 저장탱크, 송전설비

Answer   5.②   6.③   7.④   8.②   9.③

10 다음 중 포스코그룹의 친환경 브랜드로 옳지 않은 것은?

① SNNC

② INNOVILT

③ e Autopos

④ Greenable

> ✔ 해설 ① SNNC는 포스코와 SMSP사가 합작 설립하여 페로니켈과 기타 부산물을 생산, 판매하는 회사이다.
> • INNOVILT : Innovation(혁신) + Value(가치) + Built(건설)
> －친환경 미래지향적인 철의 가치를 활용한 프리미엄 건설자재를 의미하며 비즈니스 파트너와 가치를 함께 만들어내는 Business With POSCO 비전 실현의 브랜드
> • e Autopos : Eco-friendly & electrified AUTOmotive Solution of POSco
> －'친환경 이동성(Clean Mobility)'을 구현하도록 환경 문제로부터 자유로운 친환경차를 개발, 양산하여 지구의 환경을 보호하고 미래까지 생각하는 POSCO의 e Autopos로 건강한 드라이빙 실현을 위한 친환경차 브랜드
> • Greenable : Green(친환경) + Enable(가능하게 하다)
> －미래의 무한한 가능성을 열어갈수 있도록 철과 에너지의 선순환을 통한 철강제품 및 솔루션 통합 브랜드

11 포스코에 대한 다음 설명 중 옳지 않은 것은?

① 1960년대 정부 주도로 창립되었으며, 2000년에 민영화되었다.

② '주식회사 포스코'로 변경되기 전 사명(社名)은 '포항종합제철주식회사'였다.

③ 2000년에 사이버 마켓인 Steel-N.com을 가동하였다.

④ 1970년대 광양제철소를 시작으로, 1992년 포항제철소와 광양제철소의 종합준공을 마쳤다.

> ✔ 해설 1967년 포항이 입지로 확정된 후, 1968년 종합제철회사로 창립되었으며, 이후 1980년대에 전라남도 광양만이 제2입지로 확정되고, 광양제철소가 건설되었다.

12 포스코 그룹 중 밑줄에 해당하는 것으로 알맞은 것은?

> _____(은)는 철강, 건설, 에너지 등 산업 전반에 IoT, 빅데이터, 인공지능, 블록체인과 같은 최신 ICT기술을 접목하는 '스마트化'를 주도적으로 수행하고 있다. 특히, Smart Factory 분야에서는 포스코와 협력하여 세계 최초로 철강산업의 스마트화를 성공적으로 추진하였으며, 그 과정에서 포스코 그룹 차원의 4차 산업혁명 플랫폼인 '포스프레임(PosFrame)'을 개발하였다.

① 포스코 인터내셔널   ② 포스코ICT

③ 포스코에너지   ④ 포스코케미칼

> ✔ **해설** 주식회사 포스코 ICT는 포스코 계열의 IT & 엔지니어링 전문기업으로 IoT, 빅데이터, 인공지능, 블록체인과 같은 최신 ICT기술을 접목하는 '스마트 化'를 주도적으로 수행하고 있다.

13 보기 중 바르게 연결되지 않은 것을 고르면?

> 포스코 ___㉠___(이)가 2019 세계경제포럼에서 '___㉡___'(으)로 뽑혔는데, 이는 4차 산업혁명의 핵심기술을 도입해 세계 제조업의 미래를 이끌고 있는 공장을 말한다. 국내 기업이 뽑힌 것은 이번이 처음이다. 4차 산업혁명의 핵심기술 중 ___㉢___(은)는 무선 통신으로 각종 사물을 연결하는 기술이다. ___㉣___(은)는 인간의 학습능력 등을 컴퓨터 프로그램으로 실현한 기술을 말한다. 빅데이터는 대규모 데이터를 수집하고 분석하는 기술이다.

① ㉠ – 스마트팩토리   ② ㉡ – 스마트공장

③ ㉢ – 사물인터넷(IoT)   ④ ㉣ – 인공지능(AI)

> ✔ **해설** ㉠은 '스마트팩토리', ㉡은 '등대공장(Lighthouse factory)'이다.
> 4차 산업혁명의 핵심기술에 해당하는 ㉢, ㉣은 각각 '사물인터넷(IoT)', '인공지능(AI)'을 가리킨다.
> 세계경제포럼은 2018년부터 전세계 공장들을 심사해 매년 2차례씩 등대공장을 발표하고 있다. 지금까지 세계의 등대공장으로 이름을 올린 공장은 총 16개로, 유럽 9곳, 중국 5곳, 미국 1곳, 사우디아라비아 1곳이다. 지멘스, BMW, 존슨앤존슨, 폭스콘 등이 등대공장으로 뽑혔다. 세계경제포럼은 포스코를 등대공장으로 선정한 것에 대해 '포스코는 철강산업에서 생산성과 품질 향상을 위해 인공지능 기술을 적용'하고 있으며, '대학, 중소기업, 스타트업들과 상호협력을 통해 철강산업의 스마트 공장 체계를 구축 중'인 점을 그 이유로 뽑았다.

14 다음은 포스코의 활동영역을 나타낸 표로 나타낸 것이다. 다음 빈칸 중 옳지 않은 것은?

활동 영역	활동 대상	활동 내용
(㉠)	Biz 파트너 -협력사, 고객사, 공급사	• 공정, 투명, 윤리 실천 • 동반 성장 • 최고의 제품, 서비스
(㉡)	(㉢) -지역사회, 주변 이웃	• 사회문제 공감, 해결 기여 • 지역사회 발전, 환경 경영 • 나눔 활동 참여
(㉣)	포스코그룹 임직원	• 안전하고 쾌적한 근무환경 조성 • 공정 인사, 안정적 노사관계 • 다양성 포용, 일과 삶의 균형

① ㉠ : Business

② ㉡ : Society

③ ㉢ : 사회공동체 · 개인

④ ㉣ : Staff

✔ 해설

활동 영역	활동 대상	활동 내용
Business	Biz 파트너 -협력사, 고객사, 공급사	• 공정, 투명, 윤리 실천 • 동반 성장 • 최고의 제품, 서비스
Society	사회공동체 · 개인 -지역사회, 주변 이웃	• 사회문제 공감, 해결 기여 • 지역사회 발전, 환경 경영 • 나눔 활동 참여
People	포스코그룹 임직원	• 안전하고 쾌적한 근무환경 조성 • 공정 인사, 안정적 노사관계 • 다양성 포용, 일과 삶의 균형

15 포스코(POSCO)의 WTP(World Top Premium Product)에 대한 설명으로 옳지 않은 것은?

① World Premium 개념을 도입하여 고부가가치 제품 중심으로 추진하는 포스코의 마케팅 전략과 관계가 있다.

② WP는 WF(World First), WB(World Best), WM(World Most)을 아우르는 개념이다.

③ WP의 판매량은 도입 이후 상승세를 유지하고 있다.

④ WTP는 WM와 WB로 구성된다.

> ✔해설 포스코는 2014년부터 기술력과 수익성을 겸비한 소재들로 구성된 WP(World Premium) 개념을 도입하고 고부가가치 제품 중심의 마케팅 전략을 추진하고 있다. WP는 WF, WB, WM을 아우르는 용어로, 각각 다음과 같은 제품을 나타낸다.
> • WF(World First) : 세계 최초로 개발 중이거나 개발 완료된 포스코 고유의 제품
> • WB(World Best) : 세계 Top3 수준의 기술력과 경제성을 인정받은 제품
> • WM(World Most) : WF와 WB 대상이 아닌 제품 중 고객 선호가 높아 시장 경쟁력이 있는 제품
> 그 중 차별화된 최고급강 판매에 집중하기 위해 도입한 WTP 개념은 WM을 제외하고 WF와 WB만으로 구성된 것을 말한다.

16 다음 빈칸에 공통으로 들어갈 포스코의 브랜드명은?

> • 포스코는 2019년 포스코의 새로운 건설자재 브랜드 _____를 론칭했다. 포스코 관계자는 "초고층 빌딩 등을 지으려면 고품질의 고장력강이 필요한데, 건설 기업이 어떤 건설자재를 사용했는지 소비자의 입장에서는 알기 힘듭니다. _____는 포스코의 소재를 100% 사용하며, 그 품질 또한 포스코가 인증합니다. 건설사나 건축주의 입장에서는 포스코가 품질 관리를 대신해주는 것으로 볼 수 있습니다."라고 그 론칭 이유를 밝혔다.
> • 포스코의 _____는 요즘 인기 있는 캐릭터 자이언트 펭귄 '펭수'의 숙소(펭숙소)를 지어 네티즌들 사이에 화제가 되기도 하였다.

① 차지비   ② 이노빌트

③ 포스맥   ④ 스마트그리드

> ✔해설 이노빌트는 포스코의 우수강재를 활용하여 제작하는 프리미엄 건설자재 브랜드이다.

Answer   14.④   15.④   16.②

17 다음 중 올바르지 않은 설명은?

> 1992년 리우 지구환경 선언에서 유엔 기후변화협약 채택을 시작으로, 1997년 ___㉠___ 체결, 2015년 파리기후협약까지. 이들은 지구 평균기온 상승을 산업화 이전 대비 2℃ 보다 상당히 낮은 수준으로 유지하고, 1.5℃로 제한하기 위해 노력한다는 전 지구적 장기목표 하에 모든 국가가 2020년부터 기후행동에 참여하도록 했다. 그 실천적인 제도로는 ___㉡___ 등이 있다.

① ㉠에 해당하는 단어는 '몬트리올 의정서'이다.
② ㉠에 따른 감축대상 가스는 이산화탄소, 메탄, 아산화질소, 불화탄소, 수소화불화탄소, 불화유황 등의 여섯 가지이다.
③ 포스코(POSCO)의 제철 과정에서 가장 많이 발생하는 것은 ㉠의 주요 감축대상인 이산화탄소이다.
④ ㉡에 해당하는 것으로는 탄소배출권, 탄소펀드, 탄소정보공개프로젝트 등이 있다.

✔ **해설** ㉠은 '교토의정서'로 이는 '기후변화협약에 따른 온실가스 감축목표에 관한 의정서'이다.
국내 배출권거래제 시행과 글로벌 신기후 체제의 도입에 따라 포스코는 탄소정보공개프로젝트(CDP), 다우존스 지속가능경영지수(DJSI) 등 기업의 기후변화 대응과 관련된 외부평가에 참여하는 등 탄소경영의 리스크와 기회 요인을 관리하여 대응하고 있다.
※ 탄소펀드(Carbon Fund) … 교토의정서 발효 이후 선진 각국의 주요 정책과제가 된 청정에너지 개발 체제를 금융투자의 방식으로 해결하는 도구로, 온실가스 저감사업 결과 발생한 온실가스 배출권의 판매가 주 수익원이다.

18 포스코 기업시민헌장의 실천원칙으로 옳지 않은 것은?

① 공정하고 투명하게 함께 가는 기업으로 앞장선다.

② 비즈니스 파트너와 함께 강건한 산업 생태계를 조성한다.

③ 사회문제 해결과 더 나은 사회 구현에 앞장선다.

④ 신뢰와 창의의 조직문화로 행복하고 보람있는 회사를 만든다.

✔해설 포스코 기업시민헌장 실천원칙

비즈니스 파트너와 함께 강건한 산업 생태계를 조성한다.	• 모든 사업에서 공정 · 투명 · 윤리의 가치를 실천한다. • 배려와 존중의 자세로 협력사, 공급사와 협업하고 동반성장한다. • 최고의 제품과 서비스를 제공하여 고객성공을 지원한다.
사회문제 해결과 더 나은 사회 구현에 앞장선다.	• 사회가 직면한 문제에 공감하고 기업차원의 역할을 다한다. • 지역사회 발전과 환경보호를 위한 공익적 활동을 전개한다. • 이웃을 배려하는 마음으로 모든 구성원이 나눔활동에 적극 참여한다.
신뢰와 창의의 조직문화로 행복하고 보람있는 회사를 만든다.	• 안전하고 쾌적한 근무환경을 조성하여 구성원의 건강과 안녕을 도모한다. • 공정한 인사와 안정적 노사관계로 신뢰와 화합의 조직문화를 선도한다. • 다양성을 포용하고 일과 삶이 균형을 이루는 행복한 일터를 구현한다.

19 다음 제시문을 읽고 보기 중 옳지 않은 것을 고르면?

> _____㉠_____(은)는 협력기업과 공동으로 개선 활동을 수행하고 그 성과를 공유하는 제도이다.
> _____㉠_____(은)는 대·중소기업 간 동반성장의 우수 모델로 평가받고 있는데, 이를 통해 협력기업은 기술개발과 매출확대를 꾀할 수 있고, 발주기업은 품질 향상을 통한 경쟁력을 확보할 수 있기 때문이다. 다음은 포스코(POSCO)의 _____㉠_____ 운영 내용 및 실적이다.
> - 과제 수행을 통해 발생하는 성과금의 50%를 보상
> - 장기 계약 체결
> - 공급사 평가 시 가점 부여
> - 공동특허 출원 등 다양한 인센티브를 제공

① ㉠에 해당하는 용어는 '초과이익 공유제'이다.
② 포스코는 2004년 국내 최초로 ㉠을 도입하였다.
③ ㉠ 제도에 따를 때, 현금 배분도 가능하다.
④ ㉠은 profit sharing보다는 benefit sharing의 개념이다.

> ✔해설 ㉠에 해당하는 단어는 '성과공유제(benefit sharing)'이다. 포스코가 2004년 국내 최초로 시행하였다. 초과이익 공유제(profit sharing)는 대기업이 일정분을 넘어서는 이익을 냈을 때 협력사와 나눈다는 점에서 성과공유제와 그 취지가 다르다.

20 다음에서 설명하는 것은?

> 포스코가 독자적으로 개발한 공법으로 가루 형태의 철광석·유연탄을 고체로 만들어주는 소결·코크스 공정을 거쳐야 하는 기존 용광로 공법과 달리 자연 상태 가루 모양의 철광석과 일반탄을 바로 사용해 쇳물을 생산하는 친환경 신제철 공법이다. 포스코가 15년 간 연구개발(R&D)한 끝에 2007년 상용화하는데 성공했다. 대기오염 물질이 발생하는 제조 공정을 생략할 수 있어 친환경적이며, 생산원가도 15% 가량 낮출 수 있어 해외 철강사들로부터 큰 관심을 받고 있다.

① 포스코 공법
② 스트립 캐스팅 공법
③ 파이넥스 공법
④ 코렉스 공법

> ✔해설 ② 섭씨 1천 6백도의 뜨거운 쇳물을 이용해 다른 공정을 거치지 않고 막바로 2~6mm의 얇은 핫코일을 생산하는 기술을 말한다.
> ④ 철광석·유연탄을 가공하지 않고 바로 용광로에 넣는 방식을 말한다. 이산화탄소 등 유해물질이 발생하지 않아 환경보전 측면이 강하며, 오스트리아 베스트 알핀 사(Voest Alpine)가 개발했다.

21 포스코 ESG정책 중 "S(Social)"에 관한 내용으로 옳지 않은 것은?

① 안전보건 경영정책   ② 인권경영 가이드라인

③ 인재육성 관리체계   ④ 반부패 준수지침

✔ 해설 ESG Policies & Positions

환경 (E)	• 탄소중립선언 • 환경 관리 가이드라인 • 생물다양성에 관한 입장 • 산림보호에 관한 입장
사회 (S)	• 안전보건 경영정책 • 인권경영 가이드라인 • 인사/노무에 관한 입장 • 인재육성 관리체계 • 다양성, 포용성 및 형평성에 관한 입장 • 정보보호 정책 • 공급사 행동규범 • 책임광물 정책
거버넌스 (G)	• 윤리규범 • 이해관계자 참여에 관한 입장 • 반부패 준수지침 • 세무관리 정책

22 다음과 관련된 설명 중 올바르지 않은 설명은?

> 곡물가격이 상승하는 영향으로 일반 물가가 상승하는 현상

① '애그리컬처(agriculture)'와 '인플레이션(inflation)'을 합성하여 '애그플레이션(Agflation)'으로 불린다.

② 식량자급률이 30%를 밑도는 우리나라의 경우 심각한 영향을 받을 수 있다.

③ 최근 재배기술의 혁신으로 생산량이 크게 증가하여 위 현상에 대한 염려는 감소할 것이다.

④ 포스코인터내셔널은 인도네시아, 미얀마, 우크라이나에 이르는 곡물 밸류체인을 구축하였으며, 이는 식량 안보에 도움이 될 것으로 보인다.

✔ 해설 지구온난화와 기상 악화로 인해 농산물의 생산량은 감소하고 있으며, 자급률 정도, 기상 악화, 외교 문제 등으로 인해 식량 안보 문제가 중요한 문제로 대두되고 있다.

Answer   19.① 20.③ 21.④ 22.③

PART

IV

인성검사

CHAPTER 01

인성검사의 개요

01 인성(성격)검사의 개념과 목적

인성(성격)이란 개인을 특징짓는 평범하고 일상적인 사회적 이미지, 즉 지속적이고 일관된 공적 성격(Public - personality)이며, 환경에 대응함으로써 선천적·후천적 요소의 상호작용으로 결정화된 심리적·사회적 특성 및 경향을 의미한다.

인성검사는 직무적성검사를 실시하는 대부분의 기업체에서 병행하여 실시하고 있으며, 인성검사만 독자적으로 실시하는 기업도 있다.

기업체에서는 인성검사를 통하여 각 개인이 어떠한 성격 특성이 발달되어 있고, 어떤 특성이 얼마나 부족한지, 그것이 해당 직무의 특성 및 조직문화와 얼마나 맞는지를 알아보고 이에 적합한 인재를 선발하고자 한다. 또한 개인에게 적합한 직무 배분과 부족한 부분을 교육을 통해 보완하도록 할 수 있다.

인성검사의 측정요소는 검사방법에 따라 차이가 있다. 또한 각 기업체들이 사용하고 있는 인성검사는 기존에 개발된 인성검사방법에 각 기업체의 인재상을 적용하여 자신들에게 적합하게 재개발하여 사용하는 경우가 많다. 그러므로 기업체에서 요구하는 인재상을 파악하여 그에 따른 대비책을 준비하는 것이 바람직하다. 본서에서 제시된 인성검사는 크게 '특성'과 '유형'의 측면에서 측정하게 된다.

02 성격의 특성

(1) 정서적 측면

정서적 측면은 평소 마음의 당연시하는 자세나 정신상태가 얼마나 안정하고 있는지 또는 불안정한지를 측정한다.

정서의 상태는 직무수행이나 대인관계와 관련하여 태도나 행동으로 드러난다. 그러므로 정서적 측면을 측정하는 것에 의해, 장래 조직 내의 인간관계에 어느 정도 잘 적응할 수 있을까(또는 적응하지 못할까)를 예측하는 것이 가능하다.

그렇기 때문에, 정서적 측면의 결과는 채용 시에 상당히 중시된다. 아무리 능력이 좋아도 장기적으로 조직 내의 인간관계에 잘 적응할 수 없다고 판단되는 인재는 기본적으로는 채용되지 않는다.

일반적으로 인성(성격)검사는 채용과는 관계없다고 생각하나 정서적으로 조직에 적응하지 못하는 인재는 채용 단계에서 가려내지는 것을 유의하여야 한다.

① **민감성**(신경도) … 꼼꼼함, 섬세함, 성실함 등의 요소를 통해 일반적으로 신경질적인지 또는 자신의 존재를 위협받는다는 불안을 갖기 쉬운지를 측정한다.

질문	그렇다	약간 그렇다	그저 그렇다	별로 그렇지 않다	그렇지 않다
• 배려적이라고 생각한다. • 어지러진 방에 있으면 불안하다. • 실패 후에는 불안하다. • 세세한 것까지 신경쓴다. • 이유 없이 불안할 때가 있다.					

▶측정결과

㉠ '그렇다'가 많은 경우(상처받기 쉬운 유형) : 사소한 일에 신경 쓰고 다른 사람의 사소한 한마디 말에 상처를 받기 쉽다.
 • 면접관의 심리 : '동료들과 잘 지낼 수 있을까?', '실패할 때마다 위축되지 않을까?'
 • 면접대책 : 다소 신경질적이라도 능력을 발휘할 수 있다는 평가를 얻도록 한다. 주변과 충분한 의사소통이 가능하고, 결정한 것을 실행할 수 있다는 것을 보여주어야 한다.
㉡ '그렇지 않다'가 많은 경우(정신적으로 안정적인 유형) : 사소한 일에 신경 쓰지 않고 금방 해결하며, 주위 사람의 말에 과민하게 반응하지 않는다.
 • 면접관의 심리 : '계약할 때 필요한 유형이고, 사고 발생에도 유연하게 대처할 수 있다.'
 • 면접대책 : 일반적으로 '민감성'의 측정치가 낮으면 플러스 평가를 받으므로 더욱 자신감 있는 모습을 보여준다.

② **자책성**(과민도) … 자신을 비난하거나 책망하는 정도를 측정한다.

질문	그렇다	약간 그렇다	그저 그렇다	별로 그렇지 않다	그렇지 않다
• 후회하는 일이 많다. • 자신이 하찮은 존재라 생각된다. • 문제가 발생하면 자기의 탓이라고 생각한다. • 무슨 일이든지 끙끙대며 진행하는 경향이 있다. • 온순한 편이다.					

▶측정결과

㉠ '그렇다'가 많은 경우(자책하는 유형) : 비관적이고 후회하는 유형이다.
 • 면접관의 심리 : '끙끙대며 괴로워하고, 일을 진행하지 못할 것 같다.'
 • 면접대책 : 기분이 저조해도 항상 의욕을 가지고 생활하는 것과 책임감이 강하다는 것을 보여준다.
㉡ '그렇지 않다'가 많은 경우(낙천적인 유형) : 기분이 항상 밝은 편이다.
 • 면접관의 심리 : '안정된 대인관계를 맺을 수 있고, 외부의 압력에도 흔들리지 않는다.'
 • 면접대책 : 일반적으로 '자책성'의 측정치가 낮아야 좋은 평가를 받는다.

③ **기분성**(불안도) … 기분의 굴곡이나 감정적인 면의 미숙함이 어느 정도인지를 측정하는 것이다.

질문	그렇다	약간 그렇다	그저 그렇다	별로 그렇지 않다	그렇지 않다
• 다른 사람의 의견에 자신의 결정이 흔들리는 경우가 많다. • 기분이 쉽게 변한다. • 종종 후회한다. • 다른 사람보다 의지가 약한 편이라고 생각한다. • 금방 싫증을 내는 성격이라는 말을 자주 듣는다.					

▶측정결과
㉠ '그렇다'가 많은 경우(감정의 기복이 많은 유형) : 의지력보다 기분에 따라 행동하기 쉽다.
　• 면접관의 심리 : '감정적인 것에 약하며, 상황에 따라 생산성이 떨어지지 않을까?'
　• 면접대책 : 주변 사람들과 항상 협조한다는 것을 강조하고 한결같은 상태로 일할 수 있다는 평가를 받도록 한다.
㉡ '그렇지 않다'가 많은 경우(감정의 기복이 적은 유형) : 감정의 기복이 없고, 안정적이다.
　• 면접관의 심리 : '안정적으로 업무에 임할 수 있다.'
　• 면접대책 : 기분성의 측정치가 낮으면 플러스 평가를 받으므로 자신감을 가지고 면접에 임한다.

④ **독자성**(개인도) … 주변에 대한 견해나 관심, 자신의 견해나 생각에 어느 정도의 속박감을 가지고 있는지를 측정한다.

질문	그렇다	약간 그렇다	그저 그렇다	별로 그렇지 않다	그렇지 않다
• 창의적 사고방식을 가지고 있다. • 융통성이 없는 편이다. • 혼자 있는 편이 많은 사람과 있는 것보다 편하다. • 개성적이라는 말을 듣는다. • 교제는 번거로운 것이라고 생각하는 경우가 많다.					

▶측정결과

㉠ '그렇다'가 많은 경우 : 자기의 관점을 중요하게 생각하는 유형으로, 주위의 상황보다 자신의 느낌과 생각을 중시한다.
- 면접관의 심리 : '제멋대로 행동하지 않을까?'
- 면접대책 : 주위 사람과 협조하여 일을 진행할 수 있다는 것과 상식에 얽매이지 않는다는 인상을 심어준다.

㉡ '그렇지 않다'가 많은 경우 : 상식적으로 행동하고 주변 사람의 시선에 신경을 쓴다.
- 면접관의 심리 : '다른 직원들과 협조하여 업무를 진행할 수 있겠다.'
- 면접대책 : 협조성이 요구되는 기업체에서는 플러스 평가를 받을 수 있다.

⑤ **자신감**(자존심도) ··· 자기 자신에 대해 얼마나 긍정적으로 평가하는지를 측정한다.

질문	그렇다	약간 그렇다	그저 그렇다	별로 그렇지 않다	그렇지 않다
• 다른 사람보다 능력이 뛰어나다고 생각한다. • 다소 반대의견이 있어도 나만의 생각으로 행동할 수 있다. • 나는 다른 사람보다 기가 센 편이다. • 동료가 나를 모욕해도 무시할 수 있다. • 대개의 일을 목적한 대로 헤쳐나갈 수 있다고 생각한다.					

▶측정결과

㉠ '그렇다'가 많은 경우 : 자기 능력이나 외모 등에 자신감이 있고, 비판당하는 것을 좋아하지 않는다.
- 면접관의 심리 : '자만하여 지시에 잘 따를 수 있을까?'
- 면접대책 : 다른 사람의 조언을 잘 받아들이고, 겸허하게 반성하는 면이 있다는 것을 보여주고, 동료들과 잘 지내며 리더의 자질이 있다는 것을 강조한다.

㉡ '그렇지 않다'가 많은 경우 : 자신감이 없고 다른 사람의 비판에 약하다.
- 면접관의 심리 : '패기가 부족하지 않을까?', '쉽게 좌절하지 않을까?'
- 면접대책 : 극도의 자신감 부족으로 평가되지는 않는다. 그러나 마음이 약한 면은 있지만 의욕적으로 일을 하겠다는 마음가짐을 보여준다.

⑥ **고양성**(분위기에 들뜨는 정도) … 자유분방함, 명랑함과 같이 감정(기분)의 높고 낮음의 정도를 측정한다.

질문	그렇다	약간 그렇다	그저 그렇다	별로 그렇지 않다	그렇지 않다
• 침착하지 못한 편이다. • 다른 사람보다 쉽게 우쭐해진다. • 모든 사람이 아는 유명인사가 되고 싶다. • 모임이나 집단에서 분위기를 이끄는 편이다. • 취미 등이 오랫동안 지속되지 않는 편이다.					

▶측정결과

㉠ '그렇다'가 많은 경우 : 자극이나 변화가 있는 일상을 원하고 기분을 들뜨게 하는 사람과 친밀하게 지내는 경향이 강하다.

• 면접관의 심리 : '일을 진행하는 데 변덕스럽지 않을까?'

• 면접대책 : 밝은 태도는 플러스 평가를 받을 수 있지만, 착실한 업무능력이 요구되는 직종에서는 마이너스 평가가 될 수 있다. 따라서 자기조절이 가능하다는 것을 보여준다.

㉡ '그렇지 않다'가 많은 경우 : 감정이 항상 일정하고, 속을 드러내 보이지 않는다.

• 면접관의 심리 : '안정적인 업무 태도를 기대할 수 있겠다.'

• 면접대책 : '고양성'의 낮음은 대체로 플러스 평가를 받을 수 있다. 그러나 '무엇을 생각하고 있는지 모르겠다' 등의 평을 듣지 않도록 주의한다.

⑦ **허위성**(진위성) … 필요 이상으로 자기를 좋게 보이려 하거나 기업체가 원하는 '이상형'에 맞춘 대답을 하고 있는지, 없는지를 측정한다.

질문	그렇다	약간 그렇다	그저 그렇다	별로 그렇지 않다	그렇지 않다
• 약속을 깨뜨린 적이 한 번도 없다. • 다른 사람을 부럽다고 생각해 본 적이 없다. • 꾸지람을 들은 적이 없다. • 사람을 미워한 적이 없다. • 화를 낸 적이 한 번도 없다.					

▶측정결과
㉠ '그렇다'가 많은 경우 : 실제의 자기와는 다른, 말하자면 원칙으로 해답할 가능성이 있다.
• 면접관의 심리 : '거짓을 말하고 있다.'
• 면접대책 : 조금이라도 좋게 보이려고 하는 '거짓말쟁이'로 평가될 수 있다. '거짓을 말하고 있다.'는 마음 따위가 전혀 없다 해도 결과적으로는 정직하게 답하지 않는다는 것이 되어 버린다. '허위성'의 측정 질문은 구분되지 않고 다른 질문 중에 섞여 있다. 그러므로 모든 질문에 솔직하게 답하여야 한다. 또한 자기 자신과 너무 동떨어진 이미지로 답하면 좋은 결과를 얻지 못한다. 그리고 면접에서 '허위성'을 기본으로 한 질문을 받게 되므로 당황하거나 또다른 모순된 답변을 하게 된다. 겉치레를 하거나 무리한 욕심을 부리지 말고 '이런 사회인이 되고 싶다.'는 현재의 자신보다, 조금 성장한 자신을 표현하는 정도가 적당하다.
㉡ '그렇지 않다'가 많은 경우 : 냉정하고 정직하며, 외부의 압력과 스트레스에 강한 유형이다. '대쪽 같음'의 이미지가 굳어지지 않도록 주의한다.

(2) 행동적인 측면

행동적 측면은 인격 중에 특히 행동으로 드러나기 쉬운 측면을 측정한다. 사람의 행동 특징 자체에는 선도 악도 없으나, 일반적으로는 일의 내용에 의해 원하는 행동이 있다. 때문에 행동적 측면은 주로 직종과 깊은 관계가 있는데 자신의 행동 특성을 살려 적합한 직종을 선택한다면 플러스가 될 수 있다.

행동 특성에서 보여 지는 특징은 면접장면에서도 드러나기 쉬운데 본서의 모의 TEST의 결과를 참고하여 자신의 태도, 행동이 면접관의 시선에 어떻게 비치는지를 점검하도록 한다.

① **사회적 내향성** … 대인관계에서 나타나는 행동경향으로 '낯가림'을 측정한다.

질문	선택
A : 파티에서는 사람을 소개받은 편이다. B : 파티에서는 사람을 소개하는 편이다.	
A : 처음 보는 사람과는 즐거운 시간을 보내는 편이다. B : 처음 보는 사람과는 어색하게 시간을 보내는 편이다.	
A : 친구가 적은 편이다. B : 친구가 많은 편이다.	
A : 자신의 의견을 말하는 경우가 적다. B : 자신의 의견을 말하는 경우가 많다.	
A : 사교적인 모임에 참석하는 것을 좋아하지 않는다. B : 사교적인 모임에 항상 참석한다.	

▶측정결과

㉠ 'A'가 많은 경우 : 내성적이고 사람들과 접하는 것에 소극적이다. 자신의 의견을 말하지 않고 조심스러운 편이다.
  • 면접관의 심리 : '소극적인데 동료와 잘 지낼 수 있을까?'
  • 면접대책 : 대인관계를 맺는 것을 싫어하지 않고 의욕적으로 일을 할 수 있다는 것을 보여준다.
㉡ 'B'가 많은 경우 : 사교적이고 자기의 생각을 명확하게 전달할 수 있다.
  • 면접관의 심리 : '사교적이고 활동적인 것은 좋지만, 자기주장이 너무 강하지 않을까?'
  • 면접대책 : 협조성을 보여주고, 자기주장이 너무 강하다는 인상을 주지 않도록 주의한다.

② 내성성(침착도) … 자신의 행동과 일에 대해 침착하게 생각하는 정도를 측정한다.

질문	선택
A : 시간이 걸려도 침착하게 생각하는 경우가 많다. B : 짧은 시간에 결정을 하는 경우가 많다.	
A : 실패의 원인을 찾고 반성하는 편이다. B : 실패를 해도 그다지(별로) 개의치 않는다.	
A : 결론이 도출되어도 몇 번 정도 생각을 바꾼다. B : 결론이 도출되면 신속하게 행동으로 옮긴다.	
A : 여러 가지 생각하는 것이 능숙하다. B : 여러 가지 일을 재빨리 능숙하게 처리하는 데 익숙하다.	
A : 여러 가지 측면에서 사물을 검토한다. B : 행동한 후 생각을 한다.	

▶측정결과

㉠ 'A'가 많은 경우 : 행동하기 보다는 생각하는 것을 좋아하고 신중하게 계획을 세워 실행한다.
 • 면접관의 심리 : '행동으로 실천하지 못하고, 대응이 늦은 경향이 있지 않을까?'
 • 면접대책 : 발로 뛰는 것을 좋아하고, 일을 더디게 한다는 인상을 주지 않도록 한다.

㉡ 'B'가 많은 경우 : 차분하게 생각하는 것보다 우선 행동하는 유형이다.
 • 면접관의 심리 : '생각하는 것을 싫어하고 경솔한 행동을 하지 않을까?'
 • 면접대책 : 계획을 세우고 행동할 수 있는 것을 보여주고 '사려깊다'라는 인상을 남기도록 한다.

③ **신체활동성** … 몸을 움직이는 것을 좋아하는가를 측정한다.

질문	선택
A : 민첩하게 활동하는 편이다. B : 준비행동이 없는 편이다.	
A : 일을 척척 해치우는 편이다. B : 일을 더디게 처리하는 편이다.	
A : 활발하다는 말을 듣는다. B : 얌전하다는 말을 듣는다.	
A : 몸을 움직이는 것을 좋아한다. B : 가만히 있는 것을 좋아한다.	
A : 스포츠를 하는 것을 즐긴다. B : 스포츠를 보는 것을 좋아한다.	

▶측정결과
㉠ 'A'가 많은 경우 : 활동적이고, 몸을 움직이게 하는 것이 컨디션이 좋다.
• 면접관의 심리 : '활동적으로 활동력이 좋아 보인다.'
• 면접대책 : 활동하고 얻은 성과 등과 주어진 상황의 대응능력을 보여준다.
㉡ 'B'가 많은 경우 : 침착한 인상으로, 차분하게 있는 타입이다.
• 면접관의 심리 : '좀처럼 행동하려 하지 않아 보이고, 일을 빠르게 처리할 수 있을까?'

④ **지속성(노력성)** … 무슨 일이든 포기하지 않고 끈기 있게 하려는 정도를 측정한다.

질문	선택
A : 일단 시작한 일은 시간이 걸려도 끝까지 마무리한다. B : 일을 하다 어려움에 부딪히면 단념한다.	
A : 끈질긴 편이다. B : 바로 단념하는 편이다.	
A : 인내가 강하다는 말을 듣는다. B : 금방 싫증을 낸다는 말을 듣는다.	
A : 집념이 깊은 편이다. B : 담백한 편이다.	
A : 한 가지 일에 구애되는 것이 좋다고 생각한다. B : 간단하게 체념하는 것이 좋다고 생각한다.	

▶측정결과

㉠ 'A'가 많은 경우 : 시작한 것은 어려움이 있어도 포기하지 않고 인내심이 높다.
• 면접관의 심리 : '한 가지의 일에 너무 구애되고, 업무의 진행이 원활할까?'
• 면접대책 : 인내력이 있는 것은 플러스 평가를 받을 수 있지만 집착이 강해 보이기도 한다.

㉡ 'B'가 많은 경우 : 뒤끝이 없고 조그만 실패로 일을 포기하기 쉽다.
• 면접관의 심리 : '질리는 경향이 있고, 일을 정확히 끝낼 수 있을까?'
• 면접대책 : 지속적인 노력으로 성공했던 사례를 준비하도록 한다.

⑤ 신중성(주의성) … 자신이 처한 주변상황을 즉시 파악하고 자신의 행동이 어떤 영향을 미치는지를 측정한다.

질문	선택
A : 여러 가지로 생각하면서 완벽하게 준비하는 편이다. B : 행동할 때부터 임기응변적인 대응을 하는 편이다.	
A : 신중해서 타이밍을 놓치는 편이다. B : 준비 부족으로 실패하는 편이다.	
A : 자신은 어떤 일에도 신중히 대응하는 편이다. B : 순간적인 충동으로 활동하는 편이다.	
A : 시험을 볼 때 끝날 때까지 재검토하는 편이다. B : 시험을 볼 때 한 번에 모든 것을 마치는 편이다.	
A : 일에 대해 계획표를 만들어 실행한다. B : 일에 대한 계획표 없이 진행한다.	

▶측정결과

㉠ 'A'가 많은 경우 : 주변 상황에 민감하고, 예측하여 계획 있게 일을 진행한다.
• 면접관의 심리 : '너무 신중해서 적절한 판단을 할 수 있을까?', '앞으로의 상황에 불안을 느끼지 않을까?'
• 면접대책 : 예측을 하고 실행을 하는 것은 플러스 평가가 되지만, 너무 신중하면 일의 진행이 정체될 가능성을 보이므로 추진력이 있다는 강한 의욕을 보여준다.

㉡ 'B'가 많은 경우 : 주변 상황을 살펴보지 않고 착실한 계획 없이 일을 진행시킨다.
• 면접관의 심리 : '사려 깊지 않고, 실패하는 일이 많지 않을까?', '판단이 빠르고 유연한 사고를 할 수 있을까?'
• 면접대책 : 사전준비를 중요하게 생각하고 있다는 것 등을 보여주고, 경솔한 인상을 주지 않도록 한다. 또한 판단력이 빠르거나 유연한 사고 덕분에 일 처리를 잘 할 수 있다는 것을 강조한다.

(3) 의욕적인 측면

의욕적인 측면은 의욕의 정도, 활동력의 유무 등을 측정한다. 여기서의 의욕이란 우리들이 보통 말하고 사용하는 '하려는 의지'와는 조금 뉘앙스가 다르다. '하려는 의지'란 그 때의 환경이나 기분에 따라 변화하는 것이지만, 여기에서는 조금 더 변화하기 어려운 특징, 말하자면 정신적 에너지의 양으로 측정하는 것이다.

의욕적 측면은 행동적 측면과는 다르고, 전반적으로 어느 정도 점수가 높은 쪽을 선호한다. 모의검사의 의욕적 측면의 결과가 낮다면, 평소 일에 몰두할 때 조금 의욕 있는 자세를 가지고 서서히 개선하도록 노력해야한다.

① 달성의욕 … 목적의식을 가지고 높은 이상을 가지고 있는지를 측정한다.

질문	선택
A : 경쟁심이 강한 편이다. B : 경쟁심이 약한 편이다.	
A : 어떤 한 분야에서 제1인자가 되고 싶다고 생각한다. B : 어느 분야에서든 성실하게 임무를 진행하고 싶다고 생각한다.	
A : 규모가 큰일을 해보고 싶다. B : 맡은 일에 충실히 임하고 싶다.	
A : 아무리 노력해도 실패한 것은 아무런 도움이 되지 않는다. B : 가령 실패했을 지라도 나름대로의 노력이 있었으므로 괜찮다.	
A : 높은 목표를 설정하여 수행하는 것이 의욕적이다. B : 실현 가능한 정도의 목표를 설정하는 것이 의욕적이다.	

▶측정결과
㉠ 'A'가 많은 경우 : 큰 목표와 높은 이상을 가지고 승부욕이 강한 편이다.
• 면접관의 심리 : '열심히 일을 해줄 것 같은 유형이다.'
• 면접대책 : 달성의욕이 높다는 것은 어떤 직종이라도 플러스 평가가 된다.
㉡ 'B'가 많은 경우 : 현재의 생활을 소중하게 여기고 비약적인 발전을 위하여 기를 쓰지 않는다.
• 면접관의 심리 : '외부의 압력에 약하고, 기획입안 등을 하기 어려울 것이다.'
• 면접대책 : 일을 통하여 하고 싶은 것들을 구체적으로 어필한다.

② **활동의욕** … 자신에게 잠재된 에너지의 크기로, 정신적인 측면의 활동력이라 할 수 있다.

질문	선택
A : 하고 싶은 일을 실행으로 옮기는 편이다. B : 하고 싶은 일을 좀처럼 실행할 수 없는 편이다.	
A : 어려운 문제를 해결해 가는 것이 좋다. B : 어려운 문제를 해결하는 것을 잘하지 못한다.	
A : 일반적으로 결단이 빠른 편이다. B : 일반적으로 결단이 느린 편이다.	
A : 곤란한 상황에도 도전하는 편이다. B : 사물의 본질을 깊게 관찰하는 편이다.	
A : 시원시원하다는 말을 잘 듣는다. B : 꼼꼼하다는 말을 잘 듣는다.	

▶측정결과

㉠ 'A'가 많은 경우 : 꾸물거리는 것을 싫어하고 재빠르게 결단해서 행동하는 타입이다.
• 면접관의 심리 : '일을 처리하는 솜씨가 좋고, 일을 척척 진행할 수 있을 것 같다.'
• 면접대책 : 활동의욕이 높은 것은 플러스 평가가 된다. 사교성이나 활동성이 강하다는 인상을 준다.

㉡ 'B'가 많은 경우 : 안전하고 확실한 방법을 모색하고 차분하게 시간을 아껴서 일에 임하는 타입이다.
• 면접관의 심리 : '재빨리 행동을 못하고, 일의 처리속도가 느린 것이 아닐까?'
• 면접대책 : 활동성이 있는 것을 좋아하고 움직임이 더디다는 인상을 주지 않도록 한다.

03 **성격의 유형**

(1) 인성검사유형의 4가지 척도

정서적인 측면, 행동적인 측면, 의욕적인 측면의 요소들은 성격 특성이라는 관점에서 제시된 것들로 각 개인의 장·단점을 파악하는 데 유용하다. 그러나 전체적인 개인의 인성을 이해하는 데는 한계가 있다.

성격의 유형은 개인의 '성격적인 특색'을 가리키는 것으로, 사회인으로서 적합한지, 아닌지를 말하는 관점과는 관계가 없다. 따라서 채용의 합격 여부에는 사용되지 않는 경우가 많으며, 입사 후의 적정 부서 배치의 자료가 되는 편이라 생각하면 된다. 그러나 채용과 관계가 없다고 해서 아무런 준비도 필요없는 것은 아니다. 자신을 아는 것은 면접 대책의 밑거름이 되므로 모의검사 결과를 충분히 활용하도록 하여야 한다.

본서에서는 4개의 척도를 사용하여 기본적으로 16개의 패턴으로 성격의 유형을 분류하고 있다. 각 개인의 성격이 어떤 유형인지 재빨리 파악하기 위해 사용되며, '적성'에 맞는지, 맞지 않는지의 관점에 활용된다.

- 흥미·관심의 방향 : 내향형 ←——————→ 외향형
- 사물에 대한 견해 : 직관형 ←——————→ 감각형
- 판단하는 방법 : 감정형 ←——————→ 사고형
- 환경에 대한 접근방법 : 지각형 ←——————→ 판단형

(2) 성격유형

① 흥미·관심의 방향(내향⇆외향) … 흥미·관심의 방향이 자신의 내면에 있는지, 주위환경 등 외면에 향하는 지를 가리키는 척도이다.

질문	선택
A : 내성적인 성격인 편이다. B : 개방적인 성격인 편이다.	
A : 항상 신중하게 생각을 하는 편이다. B : 바로 행동에 착수하는 편이다.	
A : 수수하고 조심스러운 편이다. B : 자기 표현력이 강한 편이다.	
A : 다른 사람과 함께 있으면 침착하지 않다. B : 혼자서 있으면 침착하지 않다.	

▶측정결과

㉠ 'A'가 많은 경우(내향) : 관심의 방향이 자기 내면에 있으며, 조용하고 낯을 가리는 유형이다. 행동력은 부족하나 집중력이 뛰어나고 신중하고 꼼꼼하다.

㉡ 'B'가 많은 경우(외향) : 관심의 방향이 외부환경에 있으며, 사교적이고 활동적인 유형이다. 꼼꼼함이 부족하여 대충하는 경향이 있으나 행동력이 있다.

② **일(사물)을 보는 방법**(직감↹감각) ⋯ 일(사물)을 보는 법이 직감적으로 형식에 얽매이는지, 감각적으로 상식적인지를 가리키는 척도이다.

질문	선택
A : 현실주의적인 편이다. B : 상상력이 풍부한 편이다.	
A : 정형적인 방법으로 일을 처리하는 것을 좋아한다. B : 만들어진 방법에 변화가 있는 것을 좋아한다.	
A : 경험에서 가장 적합한 방법으로 선택한다. B : 지금까지 없었던 새로운 방법을 개척하는 것을 좋아한다.	
A : 성실하다는 말을 듣는다. B : 호기심이 강하다는 말을 듣는다.	

▶측정결과
㉠ 'A'가 많은 경우(감각) : 현실적이고 경험주의적이며 보수적인 유형이다.
㉡ 'B'가 많은 경우(직관) : 새로운 주제를 좋아하며, 독자적인 시각을 가진 유형이다.

③ **판단하는 방법**(감정↹사고) ⋯ 일을 감정적으로 판단하는지, 논리적으로 판단하는지를 가리키는 척도이다.

질문	선택
A : 인간관계를 중시하는 편이다. B : 일의 내용을 중시하는 편이다.	
A : 결론을 자기의 신념과 감정에서 이끌어내는 편이다. B : 결론을 논리적 사고에 의거하여 내리는 편이다.	
A : 다른 사람보다 동정적이고 눈물이 많은 편이다. B : 다른 사람보다 이성적이고 냉정하게 대응하는 편이다.	

▶측정결과
㉠ 'A'가 많은 경우(감정) : 일을 판단할 때 마음·감정을 중요하게 여기는 유형이다. 감정이 풍부하고 친절하나 엄격함이 부족하고 우유부단하며, 합리성이 부족하다.
㉡ 'B'가 많은 경우(사고) : 일을 판단할 때 논리성을 중요하게 여기는 유형이다. 이성적이고 합리적이나 타인에 대한 배려가 부족하다.

④ **환경에 대한 접근방법** … 주변상황에 어떻게 접근하는지, 그 판단기준을 어디에 두는지를 측정한다.

질문	선택
A : 사전에 계획을 세우지 않고 행동한다. B : 반드시 계획을 세우고 그것에 의거해서 행동한다.	
A : 자유롭게 행동하는 것을 좋아한다. B : 조직적으로 행동하는 것을 좋아한다.	
A : 조직성이나 관습에 속박당하지 않는다. B : 조직성이나 관습을 중요하게 여긴다.	
A : 계획 없이 낭비가 심한 편이다. B : 예산을 세워 물건을 구입하는 편이다.	

▶측정결과

㉠ 'A'가 많은 경우(지각) : 일의 변화에 융통성을 가지고 유연하게 대응하는 유형이다. 낙관적이며 질서보다는 자유를 좋아하나 임기응변식의 대응으로 무계획적인 인상을 줄 수 있다.

㉡ 'B'가 많은 경우(판단) : 일의 진행시 계획을 세워서 실행하는 유형이다. 순차적으로 진행하는 일을 좋아하고 끈기가 있으나 변화에 대해 적절하게 대응하지 못하는 경향이 있다.

(3) 성격유형의 판정

성격유형은 합격 여부의 판정보다는 배치를 위한 자료로써 이용된다. 즉, 기업은 입사시험단계에서 입사 후에도 사용할 수 있는 정보를 입수하고 있다는 것이다. 성격검사에서는 어느 척도가 얼마나 고득점이었는지에 주시하고 각각의 측면에서 반드시 하나씩 고르고 편성한다. 편성은 모두 16가지가 되나 각각의 측면을 더 세분하면 200가지 이상의 유형이 나온다.

여기에서는 16가지 편성을 제시한다. 성격검사에 어떤 정보가 게재되어 있는지를 이해하면서 자기의 성격유형을 파악하기 위한 실마리로 활용하도록 한다.

① **내향 – 직관 – 감정 – 지각(TYPE A)**

관심이 내면에 향하고 조용하고 소극적이다. 사물에 대한 견해는 새로운 것에 대해 호기심이 강하고, 독창적이다. 감정은 좋아하는 것과 싫어하는 것의 판단이 확실하고, 감정이 풍부하고 따뜻한 느낌이 있는 반면, 합리성이 부족한 경향이 있다. 환경에 접근하는 방법은 순응적이고 상황의 변화에 대해 유연하게 대응하는 것을 잘한다.

② **내향 – 직관 – 감정 – 사고(TYPE B)**

관심이 내면으로 향하고 조용하고 쑥쓰러움을 잘 타는 편이다. 사물을 보는 관점은 독창적이며, 자기나름대로 궁리하며 생각하는 일이 많다. 좋고 싫음으로 판단하는 경향이 강하고 타인에게는 친절한 반면, 우유부단하기 쉬운 편이다. 환경 변화에 대해 유연하게 대응하는 것을 잘한다.

③ 내향 – 직관 – 사고 – 지각(TYPE C)

관심이 내면으로 향하고 얌전하고 교제범위가 좁다. 사물을 보는 관점은 독창적이며, 현실에서 먼 추상적인 것을 생각하기를 좋아한다. 논리적으로 생각하고 판단하는 경향이 강하고 이성적이지만, 남의 감정에 대해서는 무반응인 경향이 있다. 환경의 변화에 순응적이고 융통성 있게 임기응변으로 대응할 수가 있다.

④ 내향 – 직관 – 사고 – 판단(TYPE D)

관심이 내면으로 향하고 주의깊고 신중하게 행동을 한다. 사물을 보는 관점은 독창적이며 논리를 좋아해서 이치를 따지는 경향이 있다. 논리적으로 생각하고 판단하는 경향이 강하고, 객관적이지만 상대방의 마음에 대한 배려가 부족한 경향이 있다. 환경에 대해서는 순응하는 것보다 대응하며, 한 번 정한 것은 끈질기게 행동하려 한다.

⑤ 내향 – 감각 – 감정 – 지각(TYPE E)

관심이 내면으로 향하고 조용하며 소극적이다. 사물을 보는 관점은 상식적이고 그대로의 것을 좋아하는 경향이 있다. 좋음과 싫음으로 판단하는 경향이 강하고 타인에 대해서 동정심이 많은 반면, 엄격한 면이 부족한 경향이 있다. 환경에 대해서는 순응적이고, 예측할 수 없다해도 태연하게 행동하는 경향이 있다.

⑥ 내향 – 감각 – 감정 – 판단(TYPE F)

관심이 내면으로 향하고 얌전하며 쑥스러움을 많이 탄다. 사물을 보는 관점은 상식적이고 논리적으로 생각하는 것보다도 경험을 중요시하는 경향이 있다. 좋고 싫음으로 판단하는 경향이 강하고 사람이 좋은 반면, 개인적 취향이나 소원에 영향을 받는 일이 많은 경향이 있다. 환경에 대해서는 영향을 받지 않고, 자기 페이스 대로 꾸준히 성취하는 일을 잘한다.

⑦ 내향 – 감각 – 사고 – 지각(TYPE G)

관심이 내면으로 향하고 얌전하고 교제범위가 좁다. 사물을 보는 관점은 상식적인 동시에 실천적이며, 틀에 박힌 형식을 좋아한다. 논리적으로 판단하는 경향이 강하고 침착하지만 사람에 대해서는 엄격하여 차가운 인상을 주는 일이 많다. 환경에 대해서 순응적이고, 계획적으로 행동하지 않으며 자유로운 행동을 좋아하는 경향이 있다.

⑧ 내향 – 감각 – 사고 – 판단(TYPE H)

관심이 내면으로 향하고 주의 깊고 신중하게 행동을 한다. 사물을 보는 관점이 상식적이고 새롭고 경험하지 못한 일에 대응을 잘 하지 못한다. 논리적으로 생각하고 판단하는 경향이 강하고, 공평하지만 상대방의 감정에 대해 배려가 부족할 때가 있다. 환경에 대해서는 작용하는 편이고, 질서 있게 행동하는 것을 좋아한다.

⑨ 외향 – 직관 – 감정 – 지각(TYPE I)

관심이 외향으로 향하고 밝고 활동적이며 교제범위가 넓다. 사물을 보는 관점은 독창적이고 호기심이 강하며 새로운 것을 생각하는 것을 좋아한다. 좋음 싫음으로 판단하는 경향이 강하다. 사람은 좋은 반면 개인적 취향이나 소원에 영향을 받는 일이 많은 편이다.

⑩ 외향 - 직관 - 감정 - 판단(TYPE J)

관심이 외향으로 향하고 개방적이며 누구와도 쉽게 친해질 수 있다. 사물을 보는 관점은 독창적이고 자기 나름대로 궁리하고 생각하는 면이 많다. 좋음과 싫음으로 판단하는 경향이 강하고, 타인에 대해 동정적이기 쉽고 엄격함이 부족한 경향이 있다. 환경에 대해서는 작용하는 편이고 질서 있는 행동을 하는 것을 좋아한다.

⑪ 외향 - 직관 - 사고 - 지각(TYPE K)

관심이 외향으로 향하고 태도가 분명하며 활동적이다. 사물을 보는 관점은 독창적이고 현실과 거리가 있는 추상적인 것을 생각하는 것을 좋아한다. 논리적으로 생각하고 판단하는 경향이 강하고, 공평하지만 상대에 대한 배려가 부족할 때가 있다.

⑫ 외향 - 직관 - 사고 - 판단(TYPE L)

관심이 외향으로 향하고 밝고 명랑한 성격이며 사교적인 것을 좋아한다. 사물을 보는 관점은 독창적이고 논리적인 것을 좋아하기 때문에 이치를 따지는 경향이 있다. 논리적으로 생각하고 판단하는 경향이 강하고 침착성이 뛰어나지만 사람에 대해서 엄격하고 차가운 인상을 주는 경우가 많다. 환경에 대해 작용하는 편이고 계획을 세우고 착실하게 실행하는 것을 좋아한다.

⑬ 외향 - 감각 - 감정 - 지각(TYPE M)

관심이 외향으로 향하고 밝고 활동적이고 교제범위가 넓다. 사물을 보는 관점은 상식적이고 종래대로 있는 것을 좋아한다. 보수적인 경향이 있고 좋아함과 싫어함으로 판단하는 경향이 강하며 타인에게는 친절한 반면, 우유부단한 경우가 많다. 환경에 대해 순응적이고, 융통성이 있고 임기응변으로 대응할 가능성이 높다.

⑭ 외향 - 감각 - 감정 - 판단(TYPE N)

관심이 외향으로 향하고 개방적이며 누구와도 쉽게 대면할 수 있다. 사물을 보는 관점은 상식적이고 논리적으로 생각하기보다는 경험을 중시하는 편이다. 좋아함과 싫어함으로 판단하는 경향이 강하고 감정이 풍부하며 따뜻한 느낌이 있는 반면에 합리성이 부족한 경우가 많다. 환경에 대해서 작용하는 편이고, 한 번 결정한 것은 끈질기게 실행하려고 한다.

⑮ 외향 - 감각 - 사고 - 지각(TYPE O)

관심이 외향으로 향하고 시원한 태도이며 활동적이다. 사물을 보는 관점이 상식적이며 동시에 실천적이고 명백한 형식을 좋아하는 경향이 있다. 논리적으로 생각하고 판단하는 경향이 강하고, 객관적이지만 상대 마음에 대해 배려가 부족한 경향이 있다.

⑯ 외향 - 감각 - 사고 - 판단(TYPE P)

관심이 외향으로 향하고 밝고 명랑하며 사교적인 것을 좋아한다. 사물을 보는 관점은 상식적이고 경험하지 못한 새로운 것에 대응을 잘 하지 못한다. 논리적으로 생각하고 판단하는 경향이 강하고 이성적이지만 사람의 감정에 무심한 경향이 있다. 환경에 대해서는 작용하는 편이고, 자기 페이스대로 꾸준히 성취하는 것을 잘한다.

04 **인성검사의 대책**

(1) 미리 알아두어야 할 점

① **출제 문항 수** … 인성검사의 출제 문항 수는 특별히 정해진 것이 아니며 각 기업체의 기준에 따라 달라질 수 있다. 보통 100문항 이상에서 500문항까지 출제된다고 예상하면 된다.

② **출제형식**

　㉠ '예' 아니면 '아니오'의 형식

다음 문항을 읽고 자신에게 해당되는지 안 되는지를 판단하여 해당될 경우 '예'를, 해당되지 않을 경우 '아니오'를 고르시오.

질문	예	아니오
1. 자신의 생각이나 의견은 좀처럼 변하지 않는다.	○	
2. 구입한 후 끝까지 읽지 않은 책이 많다.		○

다음 문항에 대해서 평소에 자신이 생각하고 있는 것이나 행동하고 있는 것에 ○표를 하시오.

질문	그렇다	약간 그렇다	그저 그렇다	별로 그렇지 않다	그렇지 않다
1. 시간에 쫓기는 것이 싫다.		○			
2. 여행가기 전에 계획을 세운다			○		

　㉡ A와 B의 선택형식

A와 B에 주어진 문장을 읽고 자신에게 해당되는 것을 고르시오.

질문	선택
A : 걱정거리가 있어서 잠을 못 잘 때가 있다.	(○)
B : 걱정거리가 있어도 잠을 잘 잔다.	( )

(2) 임하는 자세

① **솔직하게 있는 그대로 표현한다** … 인성검사는 평범한 일상생활 내용들을 다룬 짧은 문장과 어떤 대상이나 일에 대한 선로를 선택하는 문장으로 구성되었으므로 평소에 자신이 생각한 바를 너무 골똘히 생각하지 말고 문제를 보는 순간 떠오른 것을 표현한다.

② **모든 문제를 신속하게 대답한다** … 인성검사는 시간 제한이 없는 것이 원칙이지만 기업체들은 일정한 시간 제한을 두고 있다. 인성검사는 개인의 성격과 자질을 알아보기 위한 검사이기 때문에 정답이 없다. 다만, 기업체에서 바람직하게 생각하거나 기대되는 결과가 있을 뿐이다. 따라서 시간에 쫓겨서 대충 대답을 하는 것은 바람직하지 못하다.

CHAPTER

02 실전 인성검사

┃1~400┃ 다음 (   ) 안에 당신에게 적합하다면 YES, 그렇지 않다면 NO를 선택하시오(인성검사는 응시자의 인성을 파악하기 위한 자료이므로 정답이 존재하지 않습니다).

YES NO

1. 조금이라도 나쁜 소식은 절망의 시작이라고 생각해버린다. ·····················(   )(   )
2. 언제나 실패가 걱정이 되어 어쩔 줄 모른다. ·····················(   )(   )
3. 다수결의 의견에 따르는 편이다. ·····················(   )(   )
4. 혼자서 커피숍에 들어가는 것은 전혀 두려운 일이 아니다. ·····················(   )(   )
5. 승부근성이 강하다. ·····················(   )(   )
6. 자주 흥분해서 침착하지 못하다. ·····················(   )(   )
7. 지금까지 살면서 타인에게 폐를 끼친 적이 없다. ·····················(   )(   )
8. 소곤소곤 이야기하는 것을 보면 자기에 대해 험담하고 있는 것으로 생각된다. ·····················(   )(   )
9. 무엇이든지 자기가 나쁘다고 생각하는 편이다. ·····················(   )(   )
10. 자신을 변덕스러운 사람이라고 생각한다. ·····················(   )(   )
11. 고독을 즐기는 편이다. ·····················(   )(   )
12. 자존심이 강하다고 생각한다. ·····················(   )(   )
13. 금방 흥분하는 성격이다. ·····················(   )(   )
14. 거짓말을 한 적이 없다. ·····················(   )(   )
15. 신경질적인 편이다. ·····················(   )(   )
16. 끙끙대며 고민하는 타입이다. ·····················(   )(   )
17. 감정적인 사람이라고 생각한다. ·····················(   )(   )
18. 자신만의 신념을 가지고 있다. ·····················(   )(   )
19. 다른 사람을 바보 같다고 생각한 적이 있다. ·····················(   )(   )
20. 금방 말해버리는 편이다. ·····················(   )(   )
21. 싫어하는 사람이 없다. ·····················(   )(   )

22. 대재앙이 오지 않을까 항상 걱정을 한다. ·······························(　)(　)

23. 쓸데없는 고생을 하는 일이 많다. ·····································(　)(　)

24. 자주 생각이 바뀌는 편이다. ···(　)(　)

25. 문제점을 해결하기 위해 여러 사람과 상의한다. ·······················(　)(　)

26. 내 방식대로 일을 한다. ···(　)(　)

27. 영화를 보고 운 적이 많다. ···(　)(　)

28. 어떤 것에 대해서도 화낸 적이 없다. ·······························(　)(　)

29. 사소한 충고에도 걱정을 한다. ·······································(　)(　)

30. 자신은 도움이 안 되는 사람이라고 생각한다. ·······················(　)(　)

31. 금방 싫증을 내는 편이다. ···(　)(　)

32. 개성적인 사람이라고 생각한다. ·····································(　)(　)

33. 자기 주장이 강한 편이다. ···(　)(　)

34. 뒤숭숭하다는 말을 들은 적이 있다. ·································(　)(　)

35. 학교를 쉬고 싶다고 생각한 적이 한 번도 없다. ·······················(　)(　)

36. 사람들과 관계맺는 것을 보면 잘하지 못한다. ·······················(　)(　)

37. 사려깊은 편이다. ··(　)(　)

38. 몸을 움직이는 것을 좋아한다. ·······································(　)(　)

39. 끈기가 있는 편이다. ···(　)(　)

40. 신중한 편이라고 생각한다. ···(　)(　)

41. 인생의 목표는 큰 것이 좋다. ·······································(　)(　)

42. 어떤 일이라도 바로 시작하는 타입이다. ·····························(　)(　)

43. 낯가림을 하는 편이다. ···(　)(　)

44. 생각하고 나서 행동하는 편이다. ·····································(　)(　)

45. 쉬는 날은 밖으로 나가는 경우가 많다. ·······························(　)(　)

46. 시작한 일은 반드시 완성시킨다. ·····································(　)(　)

47. 면밀한 계획을 세운 여행을 좋아한다. ·······························(　)(　)

48. 야망이 있는 편이라고 생각한다. ·····································(　)(　)

49. 활동력이 있는 편이다. ···(　)(　)

50. 많은 사람들과 왁자지껄하게 식사하는 것을 좋아하지 않는다. ···( )( )

51. 돈을 허비한 적이 없다. ···( )( )

52. 운동회를 아주 좋아하고 기대했다. ··( )( )

53. 하나의 취미에 열중하는 타입이다. ··( )( )

54. 모임에서 회장에 어울린다고 생각한다. ···( )( )

55. 입신출세의 성공이야기를 좋아한다. ··( )( )

56. 어떠한 일도 의욕을 가지고 임하는 편이다. ···( )( )

57. 학급에서는 존재가 희미했다. ··( )( )

58. 항상 무언가를 생각하고 있다. ··( )( )

59. 스포츠는 보는 것보다 하는 게 좋다. ···( )( )

60. '참 잘 했네요'라는 말을 듣는다. ··( )( )

61. 흐린 날은 반드시 우산을 가지고 간다. ··( )( )

62. 주연상을 받을 수 있는 배우를 좋아한다. ···( )( )

63. 공격하는 타입이라고 생각한다. ···( )( )

64. 리드를 받는 편이다. ···( )( )

65. 너무 신중해서 기회를 놓친 적이 있다. ··( )( )

66. 시원시원하게 움직이는 타입이다. ··( )( )

67. 야근을 해서라도 업무를 끝낸다. ··( )( )

68. 누군가를 방문할 때는 반드시 사전에 확인한다. ···( )( )

69. 노력해도 결과가 따르지 않으면 의미가 없다. ··( )( )

70. 무조건 행동해야 한다. ··( )( )

71. 유행에 둔감하다고 생각한다. ··( )( )

72. 정해진 대로 움직이는 것은 시시하다. ···( )( )

73. 꿈을 계속 가지고 있고 싶다. ··( )( )

74. 질서보다 자유를 중요시하는 편이다. ···( )( )

75. 혼자서 취미에 몰두하는 것을 좋아한다. ···( )( )

76. 직관적으로 판단하는 편이다. ··( )( )

77. 영화나 드라마를 보면 등장인물의 감정에 이입된다. ···( )( )

78. 시대의 흐름에 역행해서라도 자신을 관철하고 싶다. ·····················( )( )

79. 다른 사람의 소문에 관심이 없다. ·····················( )( )

80. 창조적인 편이다. ·····················( )( )

81. 비교적 눈물이 많은 편이다. ·····················( )( )

82. 융통성이 있다고 생각한다. ·····················( )( )

83. 친구의 휴대전화 번호를 잘 모른다. ·····················( )( )

84. 스스로 고안하는 것을 좋아한다. ·····················( )( )

85. 정이 두터운 사람으로 남고 싶다. ·····················( )( )

86. 조직의 일원으로 별로 안 어울린다. ·····················( )( )

87. 세상의 일에 별로 관심이 없다. ·····················( )( )

88. 변화를 추구하는 편이다. ·····················( )( )

89. 업무는 인간관계로 선택한다. ·····················( )( )

90. 환경이 변하는 것에 구애되지 않는다. ·····················( )( )

91. 불안감이 강한 편이다. ·····················( )( )

92. 인생은 살 가치가 없다고 생각한다. ·····················( )( )

93. 의지가 약한 편이다. ·····················( )( )

94. 다른 사람이 하는 일에 별로 관심이 없다. ·····················( )( )

95. 사람을 설득시키는 것은 어렵지 않다. ·····················( )( )

96. 심심한 것을 못 참는다. ·····················( )( )

97. 다른 사람을 욕한 적이 한 번도 없다. ·····················( )( )

98. 다른 사람에게 어떻게 보일지 신경을 쓴다. ·····················( )( )

99. 금방 낙심하는 편이다. ·····················( )( )

100. 다른 사람에게 의존하는 경향이 있다. ·····················( )( )

101. 그다지 융통성이 있는 편이 아니다. ·····················( )( )

102. 다른 사람이 내 의견에 간섭하는 것이 싫다. ·····················( )( )

103. 낙천적인 편이다. ·····················( )( )

104. 숙제를 잊어버린 적이 한 번도 없다. ·····················( )( )

105. 밤길에는 발소리가 들리기만 해도 불안하다. ·····················( )( )

106. 상냥하다는 말을 들은 적이 있다. ···( )( )

107. 자신은 유치한 사람이다. ···( )( )

108. 잡담을 하는 것보다 책을 읽는 게 낫다. ···( )( )

109. 나는 영업에 적합한 타입이라고 생각한다. ·······································( )( )

110. 술자리에서 술을 마시지 않아도 흥을 돋굴 수 있다. ·····················( )( )

111. 한 번도 병원에 간 적이 없다. ···( )( )

112. 나쁜 일은 걱정이 되어서 어쩔 줄을 모른다. ··································( )( )

113. 금세 무기력해지는 편이다. ··( )( )

114. 비교적 고분고분한 편이라고 생각한다. ···( )( )

115. 독자적으로 행동하는 편이다. ··( )( )

116. 적극적으로 행동하는 편이다. ··( )( )

117. 금방 감격하는 편이다. ··( )( )

118. 어떤 것에 대해서는 불만을 가진 적이 없다. ··································( )( )

119. 밤에 못 잘 때가 많다. ··( )( )

120. 자주 후회하는 편이다. ··( )( )

121. 뜨거워지기 쉽고 식기 쉽다. ···( )( )

122. 자신만의 세계를 가지고 있다. ···( )( )

123. 많은 사람 앞에서도 긴장하는 일은 없다. ·······································( )( )

124. 말하는 것을 아주 좋아한다. ···( )( )

125. 인생을 포기하는 마음을 가진 적이 한 번도 없다. ·························( )( )

126. 어두운 성격이다. ··( )( )

127. 금방 반성한다. ···( )( )

128. 활동범위가 넓은 편이다. ···( )( )

129. 자신을 끈기 있는 사람이라고 생각한다. ···( )( )

130. 좋다고 생각하더라도 좀 더 검토하고 나서 실행한다. ····················( )( )

131. 위대한 인물이 되고 싶다. ···( )( )

132. 한 번에 많은 일을 떠맡아도 힘들지 않다. ·····································( )( )

133. 사람과 만날 약속은 부담스럽다. ··( )( )

134. 질문을 받으면 충분히 생각하고 나서 대답하는 편이다. ·····················( )( )

135. 머리를 쓰는 것보다 땀을 흘리는 일이 좋다. ·····························( )( )

136. 결정한 것에는 철저히 구속받는다. ·····································( )( )

137. 외출 시 문을 잠갔는지 몇 번을 확인한다. ·····························( )( )

138. 이왕 할 거라면 일등이 되고 싶다. ·····································( )( )

139. 과감하게 도전하는 타입이다. ·······································( )( )

140. 자신은 사교적이 아니라고 생각한다. ·································( )( )

141. 무심코 도리에 대해서 말하고 싶어진다. ·······························( )( )

142. '항상 건강하네요'라는 말을 듣는다. ···································( )( )

143. 단념하면 끝이라고 생각한다. ·······································( )( )

144. 예상하지 못한 일은 하고 싶지 않다. ·································( )( )

145. 파란만장하더라도 성공하는 인생을 걷고 싶다. ·························( )( )

146. 활기찬 편이라고 생각한다. ···( )( )

147. 소극적인 편이라고 생각한다. ·······································( )( )

148. 무심코 평론가가 되어 버린다. ······································( )( )

149. 자신은 성급하다고 생각한다. ·······································( )( )

150. 꾸준히 노력하는 타입이라고 생각한다. ·······························( )( )

151. 내일의 계획이라도 메모한다. ·······································( )( )

152. 리더십이 있는 사람이 되고 싶다. ···································( )( )

153. 열정적인 사람이라고 생각한다. ·····································( )( )

154. 다른 사람 앞에서 이야기를 잘 하지 못한다. ·····························( )( )

155. 통찰력이 있는 편이다. ···( )( )

156. 엉덩이가 가벼운 편이다. ···( )( )

157. 여러 가지로 구애됨이 있다. ·······································( )( )

158. 돌다리도 두들겨 보고 건너는 쪽이 좋다. ·······························( )( )

159. 자신에게는 권력욕이 있다. ·······································( )( )

160. 업무를 할당받으면 기쁘다. ·······································( )( )

161. 사색적인 사람이라고 생각한다. ·····································( )( )

162. 비교적 개혁적이다. ···( )( )

163. 좋고 싫음으로 정할 때가 많다. ·····························( )( )

164. 전통에 구애되는 것은 버리는 것이 적절하다. ·······( )( )

165. 교제 범위가 좁은 편이다. ·····································( )( )

166. 발상의 전환을 할 수 있는 타입이라고 생각한다. ·······( )( )

167. 너무 주관적이어서 실패한다. ·······························( )( )

168. 현실적이고 실용적인 면을 추구한다. ····················( )( )

169. 내가 어떤 배우의 팬인지 아무도 모른다. ··············( )( )

170. 현실보다 가능성이다. ···( )( )

171. 마음이 담겨 있으면 선물은 아무 것이나 좋다. ·······( )( )

172. 여행은 마음대로 하는 것이 좋다. ·························( )( )

173. 추상적인 일에 관심이 있는 편이다. ····················( )( )

174. 일은 대담히 하는 편이다. ·····································( )( )

175. 괴로워하는 사람을 보면 우선 동정한다. ···············( )( )

176. 가치기준은 자신의 안에 있다고 생각한다. ············( )( )

177. 조용하고 조심스러운 편이다. ·······························( )( )

178. 상상력이 풍부한 편이라고 생각한다. ····················( )( )

179. 의리, 인정이 두터운 상사를 만나고 싶다. ············( )( )

180. 인생의 앞날을 알 수 없어 재미있다. ····················( )( )

181. 밝은 성격이다. ···( )( )

182. 별로 반성하지 않는다. ···( )( )

183. 활동범위가 좁은 편이다. ·····································( )( )

184. 자신을 시원시원한 사람이라고 생각한다. ············( )( )

185. 좋다고 생각하면 바로 행동한다. ·························( )( )

186. 좋은 사람이 되고 싶다. ···( )( )

187. 한 번에 많은 일을 떠맡는 것은 골칫거리라고 생각한다. ·······( )( )

188. 사람과 만날 약속은 즐겁다. ·································( )( )

189. 질문을 받으면 그때의 느낌으로 대답하는 편이다. ·······( )( )

190. 땀을 흘리는 것보다 머리를 쓰는 일이 좋다. ···( )( )

191. 결정한 것이라도 그다지 구속받지 않는다. ···( )( )

192. 외출 시 문을 잠갔는지 별로 확인하지 않는다. ···( )( )

193. 지위에 어울리면 된다. ··( )( )

194. 안전책을 고르는 타입이다. ··( )( )

195. 자신은 사교적이라고 생각한다. ···( )( )

196. 도리는 상관없다. ···( )( )

197. '침착하네요'라는 말을 듣는다. ···( )( )

198. 단념이 중요하다고 생각한다. ···( )( )

199. 예상하지 못한 일도 해보고 싶다. ···( )( )

200. 평범하고 평온하게 행복한 인생을 살고 싶다. ··( )( )

201. 몹시 귀찮아하는 편이라고 생각한다. ···( )( )

202. 특별히 소극적이라고 생각하지 않는다. ··( )( )

203. 이것저것 평하는 것이 싫다. ···( )( )

204. 자신은 성급하지 않다고 생각한다. ···( )( )

205. 꾸준히 노력하는 것을 잘 하지 못한다. ··( )( )

206. 내일의 계획은 머릿속에 기억한다. ···( )( )

207. 협동성이 있는 사람이 되고 싶다. ···( )( )

208. 열정적인 사람이라고 생각하지 않는다. ··( )( )

209. 다른 사람 앞에서 이야기를 잘한다. ···( )( )

210. 행동력이 있는 편이다. ··( )( )

211. 엉덩이가 무거운 편이다. ··( )( )

212. 특별히 구애받는 것이 없다. ···( )( )

213. 돌다리는 두들겨 보지 않고 건너도 된다. ···( )( )

214. 자신에게는 권력욕이 없다. ···( )( )

215. 업무를 할당받으면 부담스럽다. ··( )( )

216. 활동적인 사람이라고 생각한다. ··( )( )

217. 비교적 보수적이다. ··( )( )

218. 손해인지 이익인지를 기준으로 결정할 때가 많다. ································( )( )

219. 전통을 견실히 지키는 것이 적절하다. ································( )( )

220. 교제 범위가 넓은 편이다. ································( )( )

221. 상식적인 판단을 할 수 있는 타입이라고 생각한다. ································( )( )

222. 너무 객관적이어서 실패한다. ································( )( )

223. 보수적인 면을 추구한다. ································( )( )

224. 내가 누구의 팬인지 주변의 사람들이 안다. ································( )( )

225. 가능성보다 현실이다. ································( )( )

226. 그 사람이 필요한 것을 선물하고 싶다. ································( )( )

227. 여행은 계획적으로 하는 것이 좋다. ································( )( )

228. 구체적인 일에 관심이 있는 편이다. ································( )( )

229. 일은 착실히 하는 편이다. ································( )( )

230. 괴로워하는 사람을 보면 우선 이유를 생각한다. ································( )( )

231. 가치기준은 자신의 밖에 있다고 생각한다. ································( )( )

232. 밝고 개방적인 편이다. ································( )( )

233. 현실 인식을 잘하는 편이라고 생각한다. ································( )( )

234. 공평하고 공적인 상사를 만나고 싶다. ································( )( )

235. 시시해도 계획적인 인생이 좋다. ································( )( )

236. 적극적으로 사람들과 관계를 맺는 편이다. ································( )( )

237. 활동적인 편이다. ································( )( )

238. 몸을 움직이는 것을 좋아하지 않는다. ································( )( )

239. 쉽게 질리는 편이다. ································( )( )

240. 경솔한 편이라고 생각한다. ································( )( )

241. 인생의 목표는 손이 닿을 정도면 된다. ································( )( )

242. 무슨 일도 좀처럼 시작하지 못한다. ································( )( )

243. 초면인 사람과도 바로 친해질 수 있다. ································( )( )

244. 행동하고 나서 생각하는 편이다. ································( )( )

245. 쉬는 날은 집에 있는 경우가 많다. ································( )( )

246. 완성되기 전에 포기하는 경우가 많다. ·····································( )( )

247. 계획 없는 여행을 좋아한다. ··( )( )

248. 욕심이 없는 편이라고 생각한다. ···( )( )

249. 활동력이 별로 없다. ···( )( )

250. 많은 사람들과 왁자지껄하게 식사하는 것을 좋아한다. ············( )( )

251. 이유 없이 불안할 때가 있다. ···( )( )

252. 주위 사람의 의견을 생각해서 발언을 자제할 때가 있다. ··········( )( )

253. 자존심이 강한 편이다. ··( )( )

254. 생각 없이 함부로 말하는 경우가 많다. ·······························( )( )

255. 정리가 되지 않은 방에 있으면 불안하다. ····························( )( )

256. 거짓말을 한 적이 한 번도 없다. ··( )( )

257. 슬픈 영화나 TV를 보면 자주 운다. ····································( )( )

258. 자신을 충분히 신뢰할 수 있다고 생각한다. ·························( )( )

259. 노래방을 아주 좋아한다. ···( )( )

260. 자신만이 할 수 있는 일을 하고 싶다. ·································( )( )

261. 자신을 과소평가하는 경향이 있다. ·····································( )( )

262. 책상 위나 서랍 안은 항상 깔끔히 정리한다. ·······················( )( )

263. 건성으로 일을 할 때가 자주 있다. ·····································( )( )

264. 남의 험담을 한 적이 없다. ··( )( )

265. 쉽게 화를 낸다는 말을 듣는다. ···( )( )

266. 초초하면 손을 떨고, 심장박동이 빨라진다. ·························( )( )

267. 토론하여 진 적이 한 번도 없다. ··( )( )

268. 덩달아 떠든다고 생각할 때가 자주 있다. ····························( )( )

269. 아첨에 넘어가기 쉬운 편이다. ··( )( )

270. 주변 사람이 자기 험담을 하고 있다고 생각할 때가 있다. ·········( )( )

272. 상처를 주는 것도, 받는 것도 싫다. ···································( )( )

273. 매일 그날을 반성한다. ··( )( )

274. 주변 사람이 피곤해 하여도 자신은 원기왕성하다. ·················( )( )

275. 친구를 재미있게 하는 것을 좋아한다. ···(   )(   )

276. 아침부터 아무것도 하고 싶지 않을 때가 있다. ···(   )(   )

277. 지각을 하면 학교를 결석하고 싶어졌다. ···(   )(   )

278. 이 세상에 없는 세계가 존재한다고 생각한다. ···(   )(   )

279. 하기 싫은 것을 하고 있으면 무심코 불만을 말한다. ···································(   )(   )

280. 투지를 드러내는 경향이 있다. ···(   )(   )

281. 뜨거워지기 쉽고 식기 쉬운 성격이다. ···(   )(   )

282. 어떤 일이라도 헤쳐 나가는 데 자신이 있다. ···(   )(   )

283. 착한 사람이라는 말을 들을 때가 많다. ···(   )(   )

284. 자신을 다른 사람보다 뛰어나다고 생각한다. ···(   )(   )

285. 개성적인 사람이라는 말을 자주 듣는다. ···(   )(   )

286. 누구와도 편하게 대화할 수 있다. ···(   )(   )

287. 특정 인물이나 집단에서라면 가볍게 대화할 수 있다. ·································(   )(   )

288. 사물에 대해 깊이 생각하는 경향이 있다. ···(   )(   )

289. 스트레스를 해소하기 위해 집에서 조용히 지낸다. ·······································(   )(   )

290. 계획을 세워서 행동하는 것을 좋아한다. ···(   )(   )

291. 현실적인 편이다. ···(   )(   )

292. 주변의 일을 성급하게 해결한다. ···(   )(   )

293. 이성적인 사람이 되고 싶다고 생각한다. ···(   )(   )

294. 생각한 일을 행동으로 옮기지 않으면 기분이 찜찜하다. ·····························(   )(   )

295. 생각했다고 해서 꼭 행동으로 옮기는 것은 아니다. ···································(   )(   )

296. 목표 달성을 위해서는 온갖 노력을 다한다. ···(   )(   )

297. 적은 친구랑 깊게 사귀는 편이다. ···(   )(   )

298. 경쟁에서 절대로 지고 싶지 않다. ···(   )(   )

299. 내일해도 되는 일을 오늘 안에 끝내는 편이다. ···(   )(   )

300. 새로운 친구를 곧 사귈 수 있다. ···(   )(   )

301. 문장은 미리 내용을 결정하고 나서 쓴다. ···(   )(   )

302. 사려 깊은 사람이라는 말을 듣는 편이다. ···(   )(   )

303. 활발한 사람이라는 말을 듣는 편이다. ································(　)(　)

304. 기회가 있으면 꼭 얻는 편이다. ································(　)(　)

305. 외출이나 초면의 사람을 만나는 일은 잘 하지 못한다. ················(　)(　)

306. 단념하는 것은 있을 수 없다. ································(　)(　)

307. 위험성을 무릅쓰면서 성공하고 싶다고 생각하지 않는다. ···········(　)(　)

308. 학창시절 체육수업을 좋아했다. ································(　)(　)

309. 휴일에는 집 안에서 편안하게 있을 때가 많다. ···················(　)(　)

310. 무슨 일도 결과가 중요하다. ································(　)(　)

311. 성격이 유연하게 대응하는 편이다. ····························(　)(　)

312. 더 높은 능력이 요구되는 일을 하고 싶다. ·······················(　)(　)

313. 자기 능력의 범위 내에서 정확히 일을 하고 싶다. ················(　)(　)

314. 새로운 사람을 만날 때는 두근거린다. ·························(　)(　)

315. '누군가 도와주지 않을까'라고 생각하는 편이다. ················(　)(　)

316. 건강하고 활발한 사람을 동경한다. ····························(　)(　)

317. 친구가 적은 편이다. ································(　)(　)

318. 문장을 쓰면서 생각한다. ································(　)(　)

319. 정해진 친구만 교제한다. ································(　)(　)

320. 한 우물만 파고 싶다. ································(　)(　)

321. 여러가지 일을 경험하고 싶다. ································(　)(　)

322. 스트레스를 해소하기 위해 몸을 움직인다. ·······················(　)(　)

323. 사물에 대해 가볍게 생각하는 경향이 있다. ·······················(　)(　)

324. 기한이 정해진 일은 무슨 일이 있어도 끝낸다. ···················(　)(　)

325. 결론이 나도 여러 번 생각을 하는 편이다. ·······················(　)(　)

326. 일단 무엇이든지 도전하는 편이다. ····························(　)(　)

327. 쉬는 날은 외출하고 싶다. ································(　)(　)

328. 사교성이 있는 편이라고 생각한다. ····························(　)(　)

329. 남의 앞에 나서는 것을 잘 하지 못하는 편이다. ···················(　)(　)

330. 모르는 것이 있어도 행동하면서 생각한다. ·······················(　)(　)

331. 납득이 안 되면 행동이 안 된다. ·······································( ) ( )

332. 약속시간에 여유를 가지고 약간 빨리 나가는 편이다. ·······( ) ( )

333. 현실적이다. ···( ) ( )

334. 곰곰이 끝까지 해내는 편이다. ·······································( ) ( )

335. 유연히 대응하는 편이다. ··( ) ( )

336. 휴일에는 운동 등으로 몸을 움직일 때가 많다. ···············( ) ( )

337. 학창시절 체육수업을 못했다. ···( ) ( )

338. 성공을 위해서는 어느 정도의 위험성을 감수한다. ··········( ) ( )

339. 단념하는 것이 필요할 때도 있다. ···································( ) ( )

340. '내가 안하면 누가 할 것인가'라고 생각하는 편이다. ·······( ) ( )

341. 새로운 사람을 만날 때는 용기가 필요하다. ···················( ) ( )

342. 친구가 많은 편이다. ···( ) ( )

343. 차분하고 사려 깊은 사람을 동경한다. ····························( ) ( )

344. 결론이 나면 신속히 행동으로 옮겨진다. ·························( ) ( )

345. 기한 내에 끝내지 못하는 일이 있다. ·····························( ) ( )

346. 이유 없이 불안할 때가 있다. ··( ) ( )

347. 주위 사람의 의견을 생각해서 발언을 자제할 때가 있다. ···( ) ( )

348. 자존심이 강한 편이다. ··( ) ( )

349. 생각 없이 함부로 말하는 경우가 많다. ·························( ) ( )

350. 정리가 되지 않은 방에 있으면 불안하다. ······················( ) ( )

351. 거짓말을 한 적이 한 번도 없다. ···································( ) ( )

352. 슬픈 영화나 TV를 보면 자주 운다. ·······························( ) ( )

353. 자신을 충분히 신뢰할 수 있다고 생각한다. ····················( ) ( )

354. 노래방을 아주 좋아한다. ··( ) ( )

355. 자신만이 할 수 있는 일을 하고 싶다. ····························( ) ( )

356. 자신을 과소평가하는 경향이 있다. ·································( ) ( )

357. 책상 위나 서랍 안은 항상 깔끔히 정리한다. ··················( ) ( )

358. 건성으로 일을 할 때가 자주 있다. ································( ) ( )

YES   NO

359. 남의 험담을 한 적이 없다. ··( )( )

360. 쉽게 화를 낸다는 말을 듣는다. ···( )( )

361. 초초하면 손을 떨고, 심장박동이 빨라진다. ·····························( )( )

362. 토론하여 진 적이 한 번도 없다. ··( )( )

363. 덩달아 떠든다고 생각할 때가 자주 있다. ·································( )( )

364. 아첨에 넘어가기 쉬운 편이다. ··( )( )

365. 주변 사람이 자기 험담을 하고 있다고 생각할 때가 있다. ·····( )( )

366. 이론만 내세우는 사람과 대화하면 짜증이 난다. ·····················( )( )

367. 상처를 주는 것도, 받는 것도 싫다. ···( )( )

368. 매일 그날을 반성한다. ···( )( )

369. 주변 사람이 피곤해하여도 자신은 원기왕성하다. ···················( )( )

370. 친구를 재미있게 하는 것을 좋아한다. ·······································( )( )

371. 아침부터 아무것도 하고 싶지 않을 때가 있다. ·······················( )( )

372. 지각을 하면 학교를 결석하고 싶어진다. ···································( )( )

373. 이 세상에 없는 세계가 존재한다고 생각한다. ·························( )( )

374. 하기 싫은 것을 하고 있으면 무심코 불만을 말한다. ··············( )( )

375. 투지를 드러내는 경향이 있다. ··( )( )

376. 뜨거워지기 쉽고 식기 쉬운 성격이다. ·······································( )( )

377. 어떤 일이라도 헤쳐 나가는데 자신이 있다. ·····························( )( )

378. 착한 사람이라는 말을 들을 때가 많다. ·····································( )( )

379. 자신을 다른 사람보다 뛰어나다고 생각한다. ····························( )( )

380. 개성적인 사람이라는 말을 자주 듣는다. ···································( )( )

381. 누구와도 편하게 대화할 수 있다. ··( )( )

382. 특정 인물이나 집단에서라면 가볍게 대화할 수 있다. ·············( )( )

383. 사물에 대해 깊이 생각하는 경향이 있다. ·································( )( )

384. 스트레스를 해소하기 위해 집에서 조용히 지낸다. ·················( )( )

385. 계획을 세워서 행동하는 것을 좋아한다. ···································( )( )

386. 현실적인 편이다. ··( )( )

387. 주변의 일을 성급하게 해결한다. ··( )( )

388. 이성적인 사람이 되고 싶다고 생각한다. ···( )( )

389. 생각한 일을 행동으로 옮기지 않으면 기분이 찜찜하다. ·····················( )( )

390. 생각했다고 해서 꼭 행동으로 옮기는 것은 아니다. ···························( )( )

391. 목표 달성을 위해서는 온갖 노력을 다한다. ···( )( )

392. 적은 친구랑 깊게 사귀는 편이다. ···( )( )

393. 경쟁에서 절대로 지고 싶지 않다. ···( )( )

394. 내일해도 되는 일을 오늘 안에 끝내는 편이다. ···································( )( )

395. 새로운 친구를 곧 사귈 수 있다. ···( )( )

396. 문장은 미리 내용을 결정하고 나서 쓴다. ···( )( )

397. 사려 깊은 사람이라는 말을 듣는 편이다. ···( )( )

398. 활발한 사람이라는 말을 듣는 편이다. ···( )( )

399. 기회가 있으면 꼭 얻는 편이다. ···( )( )

400. 외출이나 초면의 사람을 만나는 일은 잘 하지 못한다. ·····················( )( )

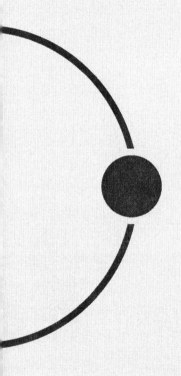

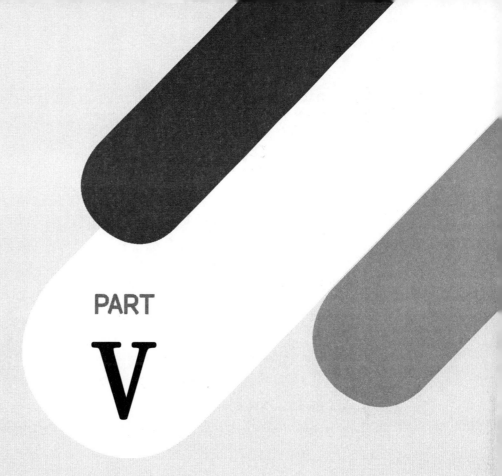

PART

V

면접

면접의 기본

01 **면접의 종류와 의의**

(1) 개인 면접

① **개념** … 가장 보편적인 면접의 형태로 면접관 한 명이 지원자 한 명과 개별적으로 질의응답하는 형태와 면접관 여러 명이 지원자 한 명에게 질문하는 형태가 있다.

② **특징** … 주로 간단한 자기소개 및 지원동기, 직업관, 성격 등을 파악하는 과정으로 지원자는 미리 예상질문과 간결한 답변을 준비하는 것이 좋으나 천편일률적인 답변이 되지 않도록 주의하여야 한다.

(2) 집단 면접

① **개념** … 면접관 여러 명이 여러 명의 지원자를 동시에 평가하는 형태이다.

② **특징** … 주로 한 명의 면접관이 모든 응시자에게 하나의 질문을 하는 경우가 많다. 신중하면서도 개성있는 답변을 하는 것이 좋으며 자신의 주장만을 강하게 내세우거나, 발언기회를 놓치거나 한눈을 팔아서는 안 된다. 의견을 이야기 할 때에는 면접관 한 명이 아닌 모든 면접관에게 성실하게 답변하고 있다는 느낌을 주도록 해야 한다.

(3) 집단토론 면접

① **개념** … 여러 명의 지원자를 하나의 조로 편성한 후 토론과제를 주고 그 안에서 뛰어난 인재를 발탁하는 형태로 전체 속에서 개인의 리더십, 설득력, 협동성, 상황판단력 등을 평가한다.

② **특징** … 집단 속에서 자신의 의견을 논리적으로 펼치면서 너무 흥분하여 과격해지거나 반대로 위축되는 일이 없어야 하며 자신이 돋보이기 위해 타 지원자에게 면박을 주는 것은 바람직하지 못한 행동이다.

(4) 프레젠테이션 면접

① 개념 … 실무자 중심으로 면접관을 구성한 후 지원자들이 동일한 주제에 대해 찬반토론하는 대신 주어진 여러 가지 주제 중 자신 있는 것을 골라 자신의 주장을 펼치는 형식으로 최근에 많이 채택되고 있다.

② 특징 … 우선 설득할 대상과 면접관의 요구사항을 제대로 파악한다. 자신이 주제를 선택하는 것이므로 내용이 빈약하거나 추상적이어서는 안 된다.

02 면접의 평가기준

(1) 외모에 의한 평가

면접관의 대부분이 첫인상에 영향을 받는다고 대답할 만큼 외모에 의한 평가는 중요하다. 그러나 무조건 비싼 옷이나 화려한 화장으로 치장한 겉모습이 아니라 주로 신체의 건강상태, 올바른 자세, 웃는 얼굴 등의 호감을 줄 수 있는 요소가 중시된다.

(2) 질의응답에 의한 평가

① 상황판단능력 … 면접관은 지원자에게 질문함으로써 그 질문을 얼마나 바로 이해하고 그 문제에 대한 신속하고 정확한 판단을 내리는가를 살피게 된다. 또한 지원자의 답변이 논리정연하고 간단명료한가, 언어 사용은 적절한가 등을 파악한다.

② 직무수행능력 … 업계나 직종에 대한 지식 정도를 파악하여 회사의 신입사원으로서 업무를 잘 수행하고 적응할 수 있는가를 파악한다.

③ 가치관 … 지원자에게 신념이나 존경하는 사람 등을 물음으로써 그 사람이 얼마나 성실한 사람인가, 사회를 보는 시각은 어떠한가 등을 파악한다.

(3) 접수서류에 의한 평가

서류심사에 활용되는 것은 주로 이력서, 자기소개서, 신상조서, 입사지원서 등으로 여기에 기재된 사실을 가지고 평가하며 또한 면접의 기초 자료로 활용되므로 작성할 때에는 절대 거짓이 없어야 하며 모순점이 발견되어서도 안 된다. 성격을 쓸 때에는 추상적으로 부지런하다 등으로 쓰지 말고 예를 들어서 설명하는 것이 좋다. 인사담당자는 이러한 서류를 통해서 지원자가 자기 자신을 얼마나 객관적으로 판단하고 있는지를 확인한다.

03 면접에 대한 궁금증

질문 1 1차 면접, 2차 면접의 질문이 같다면 대답도 똑같아야 하나요?

면접관의 질문이 같다면 일부러 대답을 바꿀 필요는 없다. 1차와 2차의 면접관이 다르다면 더욱 그러하며 면접관이 같더라도 완전히 다른 대답보다는 대답의 방향을 조금 바꾸거나, 예전의 질문에서 더욱 구체적으로 파고드는 대답이 좋다.

질문 2 제조회사의 면접시험에서 지금 사용하고 있는 물건이 어느 회사의 제품인자를 물었을 때, 경쟁회사의 제품을 말해도 괜찮을까요?

타사 특히 경쟁사의 제품을 거론하는 것을 좋아할 만한 면접관은 한 명도 없다. 그러나 그 제품의 장·단점까지 분석할 수 있고 논리적인 설명이 가능하다면 경쟁회사의 제품을 거론해도 무방하다. 만약 면접을 보는 회사의 제품을 거론할 때 장·단점을 설명하지 못하면, 감점요인은 아니지만 좋은 점수를 받기는 힘들다.

질문 3 면접관이 '대답을 미리 준비했군요'라는 말을 하면 어떻게 해야 할까요?

외워서 답변하는 경우에는 면접관의 눈을 똑바로 보고 말하기가 힘들며 잊어버리기 전에 말하고자 하여 말의 속도가 빨라진다. 면접에서는 정답이 표면적으로 드러나 있는 질문 보다는 지원자의 생각을 묻는 질문이 많으므로 면접관의 질문을 새겨듣고 요구하는 바를 파악한 후 천천히 대답한다.

질문 4 부모님의 직업이 나와 무슨 관계가 있습니까?

이는 면접관이 지원자의 부모님 직업이 궁금해서 묻는 것이 아니다. 이 대답을 통해서 지원자가 자식으로서 부모님을 얼마나 이해하고 있는가와 함께 사회인으로서 다른 직장인을 얼마나 이해하고 포용할 수 있는가를 확인하는 것이다. 부모님의 직업만을 이야기하지 말고 그에 따른 자신의 생각을 밝히는 것이 좋다.

질문 5 집단면접에서 면접관이 저에게 아무런 질문도 하지 않았습니다. 그 이유는 무엇인가요?

이력서와 자기소개서는 면접의 기본이 되며 이력서의 내용이 평범하거나 너무 포괄적이라면 면접관은 지원자에게 궁금증이 생기지 않을 수도 있다. 그러므로 이력서는 구체적이면서 개성적으로 자신을 잘 드러낼 수 있는 내용을 강조해서 작성하는 것이 중요하다.

질문6 면접관에게 좋은 인상을 남기기 위해서는 어떻게 하는 것이 좋을까요?

면접관은 성실하고 진지한 지원자를 대할 경우 고개를 끄덕이거나 신중한 표정을 짓는다. 그러므로 지나치게 가벼워 보이거나 잘난 척하는 자세는 바람직하지 않다.

질문7 질문에 대한 답변을 다 하지 못하였는데 면접관이 다음 질문으로 넘어가 버리면 어떻게 할까요?

면접에서는 간단명료하게 자신의 의견을 일관성 있게 밝히는 것이 중요하다. 두괄식으로 주제를 먼저 제시하는데 서론이 길면 지루해져 다음 질문으로 넘어갈 수 있다.

질문8 면접에서 실패한 경우에, 역전시킬 수 있는 방법이 있나요?

지원자 스스로도 면접에서 실패했다고 느끼는 경우가 종종 있다. 이런 경우에는 당황하여 인사를 잊기도 하나 그 때 당황하지 말고 정중하게 인사를 하면 또 다른 인상을 심어줄 수 있다. 면접관은 당신이 면접실에 들어서는 순간부터 나가는 순간까지 당신을 지켜보고 있다는 사실을 기억해야 한다.

04 면접의 대비

(1) 면접대비사항

① **지원회사에 대한 사전지식 습득** … 필기시험에 합격하거나 서류전형을 통과하면 보통 합격 통지 이후 면접시험 날짜가 정해진다. 이때 지원자는 면접시험을 대비해 본인이 지원한 계열사 또는 부서에 대해 다음과 같은 사항 정도는 알고 있는 것이 좋다.
  ㉠ 회사의 연혁
  ㉡ 회장 또는 사장의 이름, 출신학교, 전공과목 등
  ㉢ 회사에서 요구하는 신입사원의 인재상
  ㉣ 회사의 사훈, 비전, 경영이념, 창업정신
  ㉤ 회사의 대표적 상품과 그 특색
  ㉥ 업종별 계열 회사의 수
  ㉦ 해외 지사의 수와 그 위치
  ㉧ 신제품에 대한 기획 여부
  ㉨ 지원자가 평가할 수 있는 회사의 장·단점
  ㉩ 회사의 잠재적 능력 개발에 대한 각종 평가

② **충분한 수면을 취해 몸의 상태를 최상으로 유지** … 면접 전날에는 긴장하거나 준비가 미흡한 것 같아 잠을 설치게 된다. 이렇게 잠을 잘 자지 못하면 다음날 일어 났을 때 피곤함을 느끼게 되고 몸 상태도 악화된다. 게다가 잠을 못 잘 경우 얼굴이 부스스하거나 목소리에 영향을 미칠 수 있으며 자신도 모르게 멍한 표정을 지을 수도 있다.

③ **아침에 정보를 확인** … 아침에 일어나서 뉴스 등을 유의해서 보고 자신의 생각을 정리해 두는 것이 좋다. 또한 면접 일과 인접해 있는 국경일이나 행사 등이 있다면 그에 따른 생각을 정리해 두면 좋다.

(2) 면접 시 유의사항

① **첫인상이 중요** … 면접에서는 처음 1~2분 동안에 당락의 70% 정도가 결정될 정도로 첫인상이 중요하다고 한다. 그러므로 지원자는 자신감과 의지, 재능 등을 보여주어야 한다. 그리고 면접자와 눈을 맞추고 그가 설명을 하거나 말을 하면 적절한 반응을 보여준다.

② **지각은 금물** … 우선 면접장소가 결정되면 교통편과 소요시간을 확인하고 가능하다면 미리 방문해보는 것도 좋다. 당일날에는 서둘러서 출발하여 면접 시간 10~15분 일찍 도착하여 회사를 둘러보고 환경에 익숙해지는 것이 좋다.

③ **면접대기시간의 행동도 평가** … 지원자들은 대부분 면접실에서만 평가받는다고 생각하나 절대 그렇지 않다. 면접진행자는 대부분 인사실무자이며 당락에 영향을 준다. 짧은 시간 동안 사람을 판단하는 것은 힘든 일이라 면접자는 지원자에 대한 평가에 대한 확신을 위해 타인의 의견을 듣고자 한다. 이때 면접진행자의 의견을 참고하므로 면접대기시간에도 행동과 말을 조심해야 한다. 또한 면접을 마치고 돌아가는 그 순간까지도 행동과 말에 유의하여야 한다. 황당한 질문에 답변은 잘 했으나 복도에 나와서 흐트러진 모습을 보이거나 욕설을 하는 것도 다 평가되므로 주의한다.

④ **입실 후 공손한 태도**
　㉠ 본인 차례가 되어 호명되면 대답을 또렷하게 하고 들어간다. 만약 문이 닫혀 있다면 상대에게 소리가 들릴 수 있을 정도로 노크를 두 번 한 후 대답을 듣고 나서 들어간다.
　㉡ 문을 여닫을 때에는 소리가 나지 않게 조용히하며 공손한 자세로 인사한 후 성명과 수험번호를 말하고 면접관의 지시에 따라 자리에 앉는다. 이 경우 자리에 착석하라는 말이 없는데 의자에 앉으면 무례한 사람처럼 보일 수 있으므로 주의한다.
　㉢ 의자에 앉을 때는 끝에 걸터 앉지 말고 안쪽으로 깊숙이 앉아 무릎 위에 양손을 가지런히 얹는 것이 좋다.

⑤ **대답하기 난해한 개방형 질문도 반드시 답변을 함**
　㉠ 면접관의 질문에는 예, 아니오로 답할 수 있는 단답형도 있으나, 정답이 없는 개방형 질문이 있을 수 있다. 단답형 질문의 경우에는 간단명료하면서도 그렇게 생각하는 이유를 밝혀주는 것이 좋다. 그러나 개방형 질문은 평소에 충분히 생각하지 못했던 내용이라면 답변을 하기 힘들 수도 있다. 하지만 반드시 답변을 해야 된다. 자신의 생각이나 입장을 밝히지 않을 경우 소신이 없거나 혹은 분명한 입장이나 가치를 가지고 있지 않은 사람으로 비쳐질 수 있다. 답변이 바로 떠오르지 않는다면, "잠시 생각을 정리할 시간을 주시겠습니까?"하고 요청을 해도 괜찮다.

ⓛ 평소에 잘 알고 있는 문제라면 답변을 잘 할 수 있을 것이다. 그러나 이런 경우 주의할 것은 면접자와 가치 논쟁을 할 필요가 없다는 것이다. 정답이 정해져 있지 않은 경우에는 가치관이나 성장배경에 따라 문제를 받아들이는 태도에서 답변까지 충분히 차이가 있을 수 있다. 그런데 그것을 굳이 지적하여 고치려 드는 것은 좋지 않다.

⑥ **자신감과 의지** … 면접을 하다 보면 미래를 예측해야 하는 질문이 있다. 이때에는 너무 많은 상황을 고려하지 말고, 자신감 있는 내용으로 긍정문으로 답변하는 것이 좋다.

⑦ **자신의 장·단점 파악** … 면접을 하다 보면 나에 대해서 부정적인 말을 해야 될 경우가 있다. 이때에는 자신의 약점을 솔직하게 말하되 너무 자신을 비하하지 말아야 한다. 그리고 가능한 단점은 짧게 말하고 뒤이어 장점을 말하는 것이 좋다.

⑧ **정직한 대답** … 면접이라는 것이 아무리 본인의 장점을 부각시키고 단점을 축소시키는 것이라고 해도 절대로 거짓말을 해서는 안 된다. 거짓말을 하게 되면 지원자는 불안하거나 꺼림칙한 마음이 남아 있어 면접에 집중하지 못하게 되고 면접관을 그것을 놓치지 않는다. 거짓말은 그 사람에 대한 신뢰성을 떨어뜨리며 이로 인해 다른 조건이 좋다더라도 탈락할 수 있다.

⑨ **지원동기에 가치관이 반영** … 면접에서 거의 항상 물어보는 질문은 지원동기에 관한 것이다. 어떤 응시자들은 이 질문을 대수롭지 않게 여기거나 중요한 것은 알지만 적당한 내용을 찾지 못해 추상적으로 답변하는 경우가 많다. 이런 경우 면접관들은 응시자의 생각을 알 수 없거나 성의가 없다고 생각하기 쉬우므로 그 내용 안에 자신의 가치관이 내포되도록 답변한다. 이러한 답변은 면접관에게 응시자가 직업을 통해 자신의 가치관을 실현하기 위한 과정이라는 인상을 주게 되므로 적극적인 삶의 자세를 볼 수 있게 한다.

⑩ **경력직일 경우 전의 직장에 대한 험담은 금물** … 응시자에게 이전 직장에서 무슨 일이 있었는지, 그곳 상사들이 어땠는지는 등은 그다지 면접관이 궁금해하는 사항이 아니다. 전 직장에 대해 험담을 늘어놓는다든가, 동료와 상사들에 대한 악담을 하게 된다면 오히려 부정적인 이미지를 심어 줄 수 있다. 만약 전 직장에 대한 말을 할 필요성이 있다면 가능한 객관적으로 이야기하는 것이 좋다.

⑪ **대답 시 유의사항**

ⓐ 질문이 주어지자 마자 답변하는 것은 미리 예상한 답을 잊어버리기 전에 말하고자 하는 것으로 오인될 수 있으며, 침착하지 못하고 즉흥적으로 비춰지기 쉽다.

ⓑ 질문에 대한 답변을 할 때에는 면접관과의 거리를 생각해서 너무 작게 하는 것은 좋지 않으나 큰 소리로 이야기하면 면접관이 부담을 느끼게 된다. 자신있는 답변이라고 해서 너무 빠르게 많이 말하지 않아야 하며, 자신의 답변이 적당하지 못했다고 느꼈을 경우 머리를 만지거나 혀를 내미는 등의 행동은 좋지 못하다. 그리고 정해진 답변 외에 적절하지 않은 농담은 경망스러워 보이거나 취업에 열의가 없어 보이기도 한다.

ⓒ 가장 중요한 것은 올바른 언어의 구사이다. 존대어와 겸양어를 혼동하기도 하고 채팅어를 자기도 모르게 사용하기도 하는 데 이는 면접 실패의 원인이 될 수 있다.

⑫ **옷매무새** … 여성들의 경우 이러한 모습이 특히 두드러지는데 외모에 너무 신경을 쓰거나 너무 긴장하여 머리를 계속 쓸어 올리거나 치마 끝을 만지작 거리는 경우가 있다. 특히 너무 짧은 치마를 입고서 치마를 끌어 내리는 행동은 좋지 못하다.

⑬ **다리를 떨거나 산만한 시선은 금물**

    ㉠ 자신도 모르게 다리를 떨거나 손가락을 만지는 등의 행동을 하는 사람들이 많다. 이는 면접관의 주의를 끌 뿐만 아니라 불안하고 산만한 사람이라는 느낌을 주게 된다.

    ㉡ 면접관과 시선을 맞추지 못하고 여기저기 둘러보는 듯한 산만한 시선은 거짓말을 하고 있다고 여기거나 신뢰성이 떨어진다고 생각하기 쉽다.

⑭ **질문의 기회를 활용** … 면접관이 "면접을 마치겠네." 혹은 "면접과는 상관없는 것인데…"하면서 질문을 유도하기도 한다. 이 경우 면접관이 하는 말은 지원자를 안심시켜 마음을 알고자 하는 것으로 거기에 넘어가서는 안 된다. "물어볼 것이 있나?"라는 말은 '우리 회사에서 가장 관심이 있는 것이 무엇인가'라는 말과 같은 의미이므로 유급휴가나 복리후생에 관한 질문 등을 하게 되면 일보다는 휴가에 관심이 많은 사람이라는 인식을 주게 된다. 이런 내용들은 다른 정보망을 활용하여 미리 파악해 두는 것이 좋으며 업무에 관련된 질문으로 하고자 하는 일의 예를 들면서 합격 시에 하는 일을 구체적으로 설명해 달라고 하거나 업무를 더욱 잘 수행하기 위해서 필요한 능력 등을 물어보는 것이 좋다.

05 자기소개 시 유의사항

면접에서 빠지지 않는 것이 자기소개를 간단히 해보라는 것이다. 자기소개라는 것은 매우 추상적이며 넓은 의미를 포괄한다. 자신의 이름에 얽힌 사연이나 어릴 적의 추억, 고향, 혈액형 등 지원자에 관한 일이라면 모두 자기소개가 될 수 있다. 그러나 이는 면접관이 원하는 대답이 아니다. 면접관은 지원자의 신상명세를 알고 싶은 것이 아니라 지원자가 지금껏 해온 일을 통해 그 사람 됨됨이를 알고자 하는 것이기 때문이다.

(1) 자신의 집안에 대해 자랑하는 사람

자신의 부모나 형제 등 집안사람들이 사회·경제적으로 어떠한 위치에 있는 지를 서술하는 유형으로 자신도 대단한 사람이라는 것을 강조하고 싶은 것일지 모르나 면접관에게는 의존적이며 나약한 사람으로 비춰지기 쉽다.

(2) 대답을 하지 못하는 사람

면접관의 질문에는 난도가 있어서 대답하기 힘든 문제도 분명 있을 것이다. 그러나 이는 어려운 것이지 난처한 문제는 아니다. 그러나 면접관이 당신에게 '지금까지 무슨 일을 해왔습니까?' 라고 묻는다면 바로 대답을 하지 못하고 머뭇거리게 될 것이다. 평소에 끊임없이 이런 질문을 스스로 던져 자신이 원하는 것을 파악하고 직업도 관련된 쪽으로 구하고자 하면 막힘없이 대답할 수 있을 것이다.

(3) 자신이 한 일에 대해서 너무 자세하게 이야기하는 사람

면접은 필기시험과 마찬가지로 시간이 정해져 있고 그 시간을 효율적으로 활용하여 자신을 내보이는 것이다. 그러나 이러한 사람들은 그것은 생각하지 않고 적당하지 않은 말까지 많이 하여 시간이 부족하다고 하는 사람들이다. 이들은 자신이 한 일을 열거하면서 모든 일에 열의가 있는 사람이라고 생각해주길 바라지만 단순 나열일 뿐 면접관들에게 강한 인상을 남기지 못한다.

(4) 너무 오래된 추억을 이야기하는 사람

면접에서 초등학교의 시절의 이야기를 하는 사람은 어떻게 비춰질까? 그 이야기가 지금까지도 영향을 미치고 있다면 괜찮지만 단순히 일회성으로 그친다면 너무 동떨어진 이야기가 된다. 가능하면 최근의 이야기를 하는 것이 강렬한 인상을 남길 수 있다.

06　자주 나오는 질문과 대처법

(1) 가족 및 대인관계에 관한 질문

당신의 가정은 어떤 가정입니까?

면접관들은 지원자의 가정환경과 성장과정을 알고 싶어하는 것이다. 비록 가정 일과 사회의 일이 완전히 일치하는 것은 아니지만 '가화만사성'이라는 말이 있듯이 가정이 화목해야 사회에서도 화목하게 지낼 수 있기 때문이다. 그러므로 답변 시에는 가족사항을 정확하게 설명하고 집안의 분위기와 특징에 대해 이야기하는 것이 좋다.

친구관계에 대해 말해보시오.

지원자의 인간성을 판단하는 질문으로 교우관계를 통해 답변자의 성격을 알 수 있다. 새로운 환경에 적응을 잘하여 새로운 친구들이 많은 것도 좋지만, 깊고 오래 지속되어온 인간관계를 말하는 것이 더욱 바람직하다.

(2) 성격 및 가치관에 관한 질문

당신의 PR포인트를 말해주십시오.

지나치게 겸손한 태도는 좋지 않으며 적극적으로 자기를 주장해야 한다. 앞으로 입사 후 하게 될 업무와 관련된 자기의 특성을 구체적인 일화로 이야기하면 좋다.

당신의 장·단점을 말해 보시오.

지원자의 구체적인 장·단점을 알고자 하기 보다는 지원자가 자기 자신에 대해 얼마나 알고 있으며 어느 정도의 객관적인 분석을 하고 있나, 그리고 개선의 노력 등을 시도하는지를 파악하고자 하는 것이다.

가장 존경하는 사람은 누구입니까?

존경하는 사람을 말하기 위해서는 우선 그 인물에 대해 알아야 한다. 대충 알고서 질문에 응답하는 것을 면접관은 바로 알 수 있으므로 추상적이라도 좋으니, 그 사람의 어떤 점이 좋고, 존경스러운지 대답해야 한다. 또한 자신에게 어떤 영향을 미쳤는지도 언급하면 좋다.

(3) 학교생활에 관한 질문

지금까지의 학교생활 중 가장 기억에 남는 일은?

가급적 직장생활에 도움이 되는 경험을 이야기하는 것이 좋다. 또한 경험만을 간단하게 말하지 말고 그 경험을 통해서 얻을 수 있었던 교훈 등을 예시와 함께 이야기하는 것이 좋으나 너무 상투적인 답변이 되지 않도록 주의한다.

학교 때의 성적은 좋은 편이었습니까?

면접관은 이미 서류심사를 통해 지원자의 성적을 알고 있다. 성적 자체는 중요한 것이 아니다. 이 질문의 핵심은 당신이 성적에 대해서 어떻게 인식하느냐 하는 것이다. 성적이 나빴던 이유에 대해서 변명하려 하지 말고 담백하게 받아드리고 그것에 대한 개선노력을 했음을 밝히는 것이 적절하다.

학창시절에 시위나 데모에 참여한 적이 있습니까?

기업에서는 노사분규를 기업의 사활이 걸린 중대한 문제로 인식하고 거시적인 차원에서 접근한다. 이러한 기업문화를 제대로 인식하지 못하여 학창시절의 시위 경험을 자랑스럽게 답변할 경우 감점요인이 되거나 심지어는 탈락할 수 있다는 사실에 주의한다.

(4) 지망동기 및 직업의식에 관한 질문

왜 우리 회사를 지원했습니까?

이 질문은 어느 회사나 가장 먼저 물어보고 싶은 것으로 지원자들은 기업의 이념, 사장의 경영능력, 재무구조, 복리후생 등 외적인 부분을 설명하는 경우가 많다. 이러한 답변도 적절하지만 지망회사의 주력 상품에 관한 소비자의 인지도, 경쟁사 제품과의 시장점유율을 비교하면서 입사동기를 설명한다면 상당히 주목받을 것이다.

만약 이 회사에 불합격하면 어떻게 하겠습니까?

불합격할 것을 가정하고 회사에 응시하는 사람은 거의 없다. 이는 지원자를 궁지로 몰아 넣고 그 대응을 살펴 입사희망 정도를 알아보려고 하는 것이다. 이 질문은 깊이 들어가지 말고 침착하게 답변하여야 한다.

당신이 생각하는 바람직한 사원상은?

직장인으로서 또는 조직의 일원으로서의 자세를 묻는 질문으로 지원하는 회사에서 어떤 인재상을 요구하는가를 알아두는 것이 좋으며 평소에 자신의 생각을 미리 정리해 두는 것이 적절하다.

직무상의 적성과 보수의 많음 중 어느 것을 택하겠습니까?

이런 질문에서 회사측에서 원하는 답변은 당연히 일에 비중을 둔다는 것이다. 그러나 적성만을 너무 강조하다 보면 오히려 솔직하지 못하다는 인상을 줄 수 있으므로 어느 한 쪽을 너무 강조하거나 경시하는 태도는 바람직하지 못하다.

상사와 의견이 다를 때 어떻게 하겠습니까?

과거에는 어떠했을지 모르나 요즘은 상사의 명령에 무조건 따르겠다는 수동적인 자세는 바람직하지 않다. 회사에서는 때에 따라서는 자신이 판단하고 행동할 수 있는 직원을 원하기 때문이다. 그러나 지나치게 자신의 의견만을 고집한다면 이는 팀원 간의 불화를 야기할 수 있으며 팀 체제에 악영향을 미칠 수 있으므로 선호하지 않는다는 것에 유념하여야 한다.

이번에 뽑는 사원은 근무지가 지방인데 근무가 가능합니까?

근무지가 지방 중에서도 특정 지역은 되고 다른 지역은 안 된다는 답변은 바람직하지 않다. 직장에서는 순환 근무라는 것이 있으므로 처음에 지방에서 근무를 시작했다고 해서 계속 지방에만 있는 것은 아님을 유의하고 답변해야 한다.

(5) 여가 활용에 관한 질문

취미가 무엇입니까?

이 질문에 대해서 대부분의 지원자가 당황하게 된다. 그래서 가장 많이 대답하게 되는 것이 독서, 영화감상, 혹은 음악감상 등과 같은 흔한 취미를 말하게 된다. 이런 취미는 면접관의 주의를 끌기 어려우며 설사 정말 위와 같은 취미를 가지고 있다하더라도 제대로 답변하기는 힘들다. 가능한 독특한 취미를 말하는 것이 좋으며 이제 막 시작한 것이라도 열의를 가지고 있음을 설명할 수 있으면 그것을 취미로 답변하는 것도 무방하다.

07 이색 면접유형과 질문에 따른 대처법

(1) 이색 면접유형

① **유도심문형 면접** … 면접관들은 이미 지원자들의 이력서나 자기소개서와 같은 서류를 읽어보았음을 감안해서 면접을 준비한다. 이런 과정에서 지원자들이 가장 취약한 점을 찾아내어 그에 따른 질문을 하게 된다. 주로 회사의 성격과 전공학과가 적당하지 않다 혹은 성적이 좋지 않다 등의 질문을 하게 된다. 이때에는 당황하거나 감정을 나타내는 등 면접관의 질문에 흔들리지 말고 당당하게 자신의 의견을 밝힐 수 있어야 한다.

② **소지품검사형 면접** … 개인적인 사항들을 말을 통해서 묻는 것과 실질적으로 소지품을 검사해보는 것은 큰 차이가 있으며 지원자가 느끼는 불쾌감 또한 매우 크다. 그러나 이것을 부정적으로만 생각하지 말고 기회를 활용하여 자신에게 득이 될 수 있도록 하여야 한다. 이런 소지품 검사의 경우 주로 여성 응시자들에게 많은 영향을 미치게 되는데 작은 소지품과 화장품 등은 파우치를 이용하여 따로 담아두는 것이 좋으며 비상용 밴드나 티슈 등을 넣어가지고 다니면 좋은 인상을 남길 수 있다.

③ **설명형 면접** … 면접관이 지원자에게 질문을 하기 보다는 입사 후 담당업무를 주로 설명하는 면접의 형태로 다른 면접보다 수월하게 느껴질 수 있다. 그러나 이러한 면접에서 지원자가 수동적인 자세로 설명을 듣고만 있다면 탈락하기 쉬우므로 이해가 되지 않는 설명에는 그것을 되묻고 자신이 흥미 있어 하는 부분에서는 그것을 들어낼 수 있어야 한다. 이를 위해서는 사전에 직장에 대한 지식이 필요하며 자신의 생각을 말할 수 있는 적극성이 강조된다.

④ **사우나 면접** … 일부 기업체에서 도입하고 있는 사우나 면접은 경직되어 있는 면접실을 벗어나 자연스러운 대화를 나누고자 하여 실시되는 것으로 면접뿐만 아니라 사내 회의에도 많이 활용되고 있다. 이때 지원자는 면접관의 등을 밀어주는 등의 행동을 할 때에는 지나친 것은 오히려 해가 될 수 있으며, 편안한 분위기에서 생활 속의 활력을 보여주는 것이 좋다.

⑤ **노래방형 면접** … 형식의 파괴를 보여주는 면접으로 사회성과 대인 관계정도를 파악할 수 있다. 이 경우 자신이 좋아하는 노래라고 너무 많이 부르거나 노래에 자신이 없다고 해서 전혀 안 부르는 것은 좋지 않으며 다른 사람을 배려하는 모습을 보이는 것이 좋다. 또한 최신곡을 한 곡 정도 부르는 것이 좋다.

⑥ **마라톤형 면접** … 과거에는 면접을 단순히 거쳐가는 과정으로 인식하여 개인당 5 ~ 6가지의 질문으로 짧게 끝나는 경우가 많았으나 요즘은 면접을 통해서 지원자들의 성향을 파악하고자 하며 면접이 당락을 결정하는 경우가 많아 오랜 시간을 두고 지원자를 관찰하는 면접도 있다. 이러한 면접은 보통 4시간 이상 집중적인 인터뷰를 하는 식으로 진행되는데 이 경우 처음부터 너무 긴장하게 되면 후반부에 가서 지칠 수 있으며 이는 지구력이 떨어진다는 인상을 남길 수 있으므로 친구에게 이야기 하듯이 진솔하게 자신의 생각을 풀어나가는 것이 좋다. 이때는 반드시 면접관의 눈을 바라보며 이야기 하는 것이 효과적이다.

⑦ **집단합숙형 면접** … 마라톤형 면접으로도 부족하다고 생각되면 회사에서는 많은 비용이 드는 것을 감수하고 서 집단합숙형 면접을 실시한다. 주로 2~3일간 합숙을 하면서 일어나는 사건들을 통해 성격과 능력을 평가하는 것으로 지원자들이 처음에는 면접이라는 사실을 인식하여 경직되어 있으나 점차 그 분위기에 익숙해지면서 성격이 드러나게 된다. 이 경우에는 미리 가족들과 함께 자신의 습관이나 행동패턴에 대해서 이야기해 보고 그것이 가지는 의미를 생각해 보는 것이 좋다. 그러나 합격 여부에 너무 집착할 경우 행동이 굳어질 수 있으므로 긴장을 풀고 다른 지원자들과 잘 어울리면서 자신의 장점을 부각시키도록 해야한다.

(2) 지원자를 당황하게 하는 질문과 그 대처법

성적이 좋지 않은데 이 정도의 성적으로 우리 회사에 입사할 수 있다고 생각합니까?

비록 자신의 성적이 좋지 않더라도 이미 서류심사에 통과하여 면접에 참여하였다면 기업에서는 지원자의 성적보다 성적 이외의 요소, 즉 성격·열정 등을 높이 평가했다는 것이다. 그러나 이런 질문을 받게 되면 지원자는 당황할 수 있으나 침착하게 대처하는 면모를 보인다면 더 좋은 인상을 남길 수 있다.

우리 회사 회장님 함자를 알고 있습니까?

회장이나 사장의 이름을 조사하는 것은 면접일을 통고받았을 때 이미 사전 조사되었어야 하는 것이다. 그러나 대중매체를 통해 이미 알려진 정보보다는 그 기업에 입사를 희망하는 지원자의 입장에서 답변하는 것이 좋다.

당신은 이 회사에 적합하지 않은 것 같군요.

이 질문은 상당히 짓궂게 들릴 수 있다. 듣는 순간 그렇다면 면접은 왜 참가시킨 것인가 하는 생각이 들 수도 있다. 당황하거나 흥분하지 말고 침착하게 자신의 어떤 면이 회사에 적당하지 않는지 겸손하게 물어보고 지적당한 부분에 대해서 고치겠다는 의지를 보인다. 이를 잘 활용하면 자신의 PR도 할 수 있다.

다시 공부할 계획이 있습니까?

이 질문은 지원자가 합격하여 직장을 다니다가 공부를 더 하기 위해 그 회사를 그만 두거나 학습에 더 관심을 두어 일에 대한 능률이 저하될 것을 우려하여 묻는 것이다. 이때에는 당연히 학습보다는 일을 강조해야 하며, 업무 수행에 필요한 학습이라면 업무에 지장이 없는 범위에서 야간학교를 다니거나 회사에서 제공하는 연수프로그램을 활용하겠다고 답변하는 것이 적당하다.

지원한 분야가 전공한 분야와 다른데 여기 일을 할 수 있겠습니까?

수험생의 입장에서 여러 군데 원서를 넣거나 전공과 관련 없는 분야도 지원하게 되어 서류가 통과되고 인·적성검사 및 직무능력검사에 합격하여 면접전형까지 볼 수 있을 것이다. 다른 입사절차가 통과된 뒤 면접에서 면접관이 이런 질문을 할 수 있는데 수험생은 당황스러울 것이다. 우선 다른 전형에서 통과했다는 것은 회사의 인사채용 방침상 전공에 크게 영향 받지 않는다는 것이므로 무엇보다 자신이 전공하지는 않았지만 어떤 업무도 할 수 있다는 자신감과 능동적인 자세를 보여주도록 노력해야 한다.

분위기가 좋지 않은데 한 번 우리를 웃겨 보십시오.

면접관이 수험생에게 이런 질문을 한다면 막연할 것이다. 반드시 웃기지는 않아도 평소에 그런 밝은 분위기를 유도할 수 있는 평상시의 생활모습과 사교성을 평가하는 것으로 평소에 밝은 생활태도와 친근한 분위기를 유도할 수 있는 이야기나 멘트 등을 알아두도록 한다. 면접관 앞이라 어색할 수도 있으나 마음을 편히 갖고 자연스럽게 얘기하도록 한다.

면접기출

(1) 포스코 면접 Tip

① **기본에 충실하라** … 면접전형은 다양하게 진행된다. 면접유형에 따라 다양하게 준비해야 하는 것은 아니다. 중요한 것은 입사지원서 내용, 전공분야, 지원직무 등 스스로에 대해 충분히 리뷰하여 숙지하는 것이다.

② **밝고 자신감 있는 태도** … 면접시간은 짧지만 지원서상의 지원자의 능력을 검증하는 중요한 자리다. 긴장되는 시간이지만 밝고 자신감 있는 태도로 임하는 것이 필수다. 예상치 못한 질문이나 미션을 받더라도 당황하지 않고 침착하게 자신의 의견을 전달하려는 태도도 필요하다.

③ **간결하고 정확한 답변** … 면접은 정해진 시간 내에 면접위원들에게 여러 정보를 전달하는 과정이다. 따라서 최대한 간결하면서도 정확하게 답변해야 한다. 이를 위해서는 우선 면접위원 질문의 의도를 파악하고 이에 맞는 내용을 두괄식으로 결론을 먼저 제시한 뒤 설명을 붙이는 방식으로 답변하는 것이 중요하다.

(2) 포스코 면접기출

[인성면접]

① 본인이 포스코에 입사해야 하는 이유 두 가지를 이야기 해보시오.

② 고등학교 출결이 양호하지 못한데 이유는 무엇입니까?

③ 친구가 많은 편입니까? 그들 중 본인은 주로 어떤 역할을 합니까?

④ 세상을 살면서 가장 힘들었을 때는 언제입니까? 이유는 무엇입니까?

⑤ 대학을 다니다 그만 두었는데 이유는 무엇입니까?

⑥ 스트레스를 받으면 어떻게 풀 것입니까?

⑦ 자신의 성격 장·단점을 말해보시오.

⑧ 공백 기간에는 무엇을 하였습니까?

⑨ 만약 7시에 여자친구와 약속이 있고 회사 상사분이 7시에 축구를 보러 가자고 하면 어떻게 할 것입니까?

⑩ 지금 면접 보는 세 분이 배에 탔는데 배가 난파되었습니다. 탈출용 배는 2인용 한 개뿐일 때 어떻게 할 것입니까?

⑪ 체력이 안 좋아 보이는데 체력은 좋습니까? 아픈 곳은 없습니까?

⑫ 같은 대학을 다니던 친구가 부서의 상급자로 오면 어떻게 하겠습니까?

⑬ 나이 어린 선배들이 일을 시킬 경우엔 어떻게 하겠습니까?

⑭ 상사와 의견충돌이 있을 경우 어떻게 대처를 하겠습니까?

⑮ 거래처에서 부정적인 청탁을 하시면 어떻게 대처하겠습니까?

⑯ 만약 당신이 지원한 분야가 아닌 곳에서 다른 일을 해야 할 경우에 어떤 일을 하고 싶습니까?

⑰ 술, 담배는 합니까? 포스코에선 담배를 피우지 말라고 하는데 금연할 수 있겠습니까?

⑱ 노동조합에 대한 당신의 생각을 이야기해 보시오.

⑲ 창의성을 발휘한 경험이 있습니까?

⑳ 자신의 한자 이름의 뜻은 무엇입니까?

㉑ 제2외국어는 어느 나라 언어를 어느 정도 할 수 있습니까?

㉒ (해당 언어로) 자기소개를 해 보시오.

㉓ 인턴근무를 통해 이루고 싶은 것은 무엇입니까?

㉔ 당신이 회사생활을 하면서 기대하는 바는 무엇입니까?

[AP면접]

① 최근 철강 산업의 현황에 대해 설명하시오.

② 포스코에 대해 알고 있는 대로 말해보시오.

③ B2B 마케팅이란 무엇인가?

④ 가치경쟁의 개념은 무엇인가?

[전공면접]

① 과거 인턴경험을 한 적이 있다면 어떤 직무였는지 자세하게 말해보시오.

② 우리나라뿐만 아니라 전 세계적으로 포스코의 경쟁사는 어디라고 생각하는가?

③ 언급한 경쟁사에 비해 포스코의 장점과 단점은 무엇인가?

④ 전자전기(또는 금속, 기계 등) 전공자로서 포스코에서 이루고 싶은 꿈이 있다면 무엇인가?

⑤ 졸업 작품 프로젝트의 내용은 무엇인가?

⑥ 과거 세계/전국 기능대회에서 입상한 적이 있다면 그것에 대해 자세하게 설명하고 거기서 본인이 했던 역할에 대해 설명해 보시오.

⑦ 제어공학에서 시스템이란 무엇인가?

⑧ 계단함수와 정상상태에 대해 아는 대로 말하시오.

⑨ Settling time이란 무엇인가?

⑩ 전기설비는 무엇을 하는 것인가?

⑪ PLC란 무엇인가?

⑫ 합금강의 특징에 대해 설명하시오.

[최종임원면접]

① 영어에 어느 정도 자신 있는가?

② 영어로 자신의 신조에 대해 말해 보시오.

③ 자신이 목표를 설정하여 과제를 수행해 본 경험이 있는가?

④ 창업경험이 있는데 창업이 아니라 취업을 한 이유는 무엇인가?

⑤ 지원한 철강 산업 분야에 관련된 이슈에 대해 말해보시오.

⑥ 지원한 분야에 가장 필요한 지원자의 역량은 무엇이라고 생각하는가?

⑦ 지원한 분야에 대한 준비는 어느 정도 했는가?

⑧ 임진왜란에 대해 아는 대로 말해보시오.

⑨ 우리나라에서 가장 큰 제철소는 어디에 있는가?

⑩ 지방근무를 하게 될 가능성이 있는데 괜찮은가?

Check List

Check List

- [ ]
- [ ]
- [ ]
- [ ]
- [ ]
- [ ]
- [ ]
- [ ]
- [ ]
- [ ]
- [ ]
- [ ]
- [ ]
- [ ]
- [ ]
- [ ]
- [ ]
- [ ]
- [ ]